建築設備の知識 《改訂3版》

建築設備の知識　編集委員会 編

Ohmsha

本書を発行するにあたって、内容に誤りのないようできる限りの注意を払いましたが、本書の内容を適用した結果生じたこと、また、適用できなかった結果について、著者、出版社とも一切の責任を負いませんのでご了承ください。

本書は、「著作権法」によって、著作権等の権利が保護されている著作物です。本書の複製権・翻訳権・上映権・譲渡権・公衆送信権（送信可能化権を含む）は著作権者が保有しています．本書の全部または一部につき、無断で転載、複写複製、電子的装置への入力等をされると、著作権等の権利侵害となる場合があります。また、代行業者等の第三者によるスキャンやデジタル化は、たとえ個人や家庭内での利用であっても著作権法上認められておりませんので、ご注意ください。

本書の無断複写は、著作権法上の制限事項を除き、禁じられています。本書の複写複製を希望される場合は、そのつど事前に下記へ連絡して許諾を得てください。

出版者著作権管理機構
（電話 03-5244-5088，FAX 03-5244-5089，e-mail : info@jcopy.or.jp）

JCOPY ＜出版者著作権管理機構 委託出版物＞

はしがき

　本書「図解　建築設備の知識」は，1995 年に初版を刊行して以来 2008 年の改訂を経て，23 年間，建築設備の技術書として長期にわたり多くの学生・実務者の方々に活用していただいております．ただこの間も，建築設備の技術は，建築とともに高機能化・多様化・環境問題解決（CO_2 排出規制等）に対応し凄まじく発展するなかで，読者各位のご要望にお応えするため，このたび改訂 3 版を発刊することになりました．

　本書の内容は，建築設備を学ばれる方はもとより，建築分野で主に活躍されている方や工業高校，専門学校，大学の学生の方々を対象としたものです．1 冊の本で建築設備（空気調和・給排水・電気）に関する知識がコンパクトにまとめられており，特に，建築の設計者および施工者を志す学生の方々にとっては，1 年程度の授業で使う教科書ないしは副読本としてちょうど良い内容になっています．当然，建築と設備は常に絡み合っているので，設備のプロが建築を学び理解することが大切であるように，建築のプロが設備について，少なくとも本書に書かれている程度のことは知っておいたほうが，実務において非常に役に立つと思われます．

　実際，現在，建築設備はかなり重要視されるようになっております．建築士制度の見直しにより，平成 21 年 5 月末以降「設備設計一級建築士」の創設が行われ，大規模な建築物（3 階建て，かつ，延べ床面積 5000 m^2 以上の建築物）の設備設計には，設備設計一級建築士の関与が義務づけられました．しかし，この設備設計一級建築士は，現在 5000 人程度であり，設備技術者としての最高資格といわれている「建築設備士」を取得している方が現在約 37000 人（一級建築士の約 10％）程度であるのに対して，そのわずか約 1.4％ 程度に留まっております．さらには，建築士試験の学科試験科目が 4 科目から 5 科目となり「環境・設備」に関する科目が追加されています．

　本書は，設備計画の立て方から各種設備の基本的な原理と構成・しくみなどを実務的な立場から，「絵とき」「図解化」でわかりやすく解説したものです．また，本文中の「ここが大事！」で，建築設備に関連する資格や，一・二級建築士試験の計画部門によく出題されているものを解説しています．ぜひ，資格取得や建築の実務にも活用してください．

　最後に，本書の執筆にあたり，諸先生方の文献・資料を引用させていただきましたことを，お礼申し上げます．また，オーム社書籍編集局の方々に並々ならぬご協力とご援助いただきましたことを，厚くお礼申し上げます．

2018 年 9 月

編集委員長　山　田　信　亮

目　次

1章　建築と設備

- 1-1　建築物のしくみと構成 …………………………………………………………… 2
  - 建築物のしくみ／建築物の構成／建築計画の流れ
- 1-2　建築設備の計画 …………………………………………………………………… 5
  - 建築計画と設備計画／建築設備と躯体／建築物と建築設備の耐用年数
- 1-3　建築と設備の取合い ……………………………………………………………… 12
  - 設計図書／施工図／施工上の注意点
- 1-4　建築設備と耐震計画 ……………………………………………………………… 18
  - 建築の耐震構造／設備耐震の計画／省エネルギー／建築設備の環境対策

2章　建築と空気（空気調和設備）

- 2-1　空気を調整する設備（空気調和設備） ………………………………………… 26
  - 空気調和の4要素／室内の環境基準
- 2-2　空気の状態がわかる線図（湿り空気線図） …………………………………… 27
  - 空気線図における用語と単位／湿り空気線図／湿り空気線図の使い方／結露／結露防止
- 2-3　室内に影響する熱（空調負荷） ………………………………………………… 31
  - 熱の伝わり方／熱の移動／空調負荷
- 2-4　空気を調節する機器（空気調和機器） ………………………………………… 35
  - エアハンドリングユニット／ファンコイルユニット／パッケージ形空調機
- 2-5　空気を調節する方法（空気調和方式） ………………………………………… 38
  - 空気調和設備の基本構成／空気調和方式
- 2-6　エネルギーをつくる機器（熱源機器） ………………………………………… 44
  - ボイラー／冷凍機／冷却塔（クーリングタワー）
- 2-7　空気を送る設備（送風機・ダクト設備） ……………………………………… 52
  - 送風機／ダクト設備／吹出口・吸込口／ダンパ
- 2-8　水などを送る設備（ポンプ・配管設備） ……………………………………… 61
  - ポンプ／配管の設計／配管の施工／空調配管材／弁類，その他の付属品
- 2-9　暖房だけの方法（直接暖房） …………………………………………………… 72
  - 直接暖房／温水暖房方式／蒸気暖房
- 2-10　特殊な空調の設備（特殊空調） ………………………………………………… 79
  - 地域冷暖房／コージェネレーション／蓄熱槽／クリーンルーム／恒温恒湿室
- 2-11　空気・水を自動的に動かす設備（自動制御設備） …………………………… 87

□□ 目 次 □□

  2-12 高層ビルの空調設備 ·· 91
    高層ビルの空調設備　基本計画／空調設備における自然エネルギーの活用／外気
    負荷の低減による空調設備の省エネルギー化／省エネルギーを目的とした空調シ
    ステム

3章 換気・排煙設備

  3-1 自然な換気（自然換気） ·· 96
  3-2 機械的な換気（機械換気） ·· 97
    機械換気の種類／換気量の決定／送風機類
  3-3 煙を逃す設備（排煙設備） ··· 103
    排煙の目的／排煙設備の設置規定／排煙設備の構造規定／排煙の方式／特殊な構
    造の排煙設備

4章 給排水・衛生設備

  4-1 きれいな水をつくる方法（浄水処理） ·· 110
    施設の概要／上水道の種類／上水道計画／上水道の水質基準と問題点／浄水処理
  4-2 汚い水をきれいにする方法（下水道） ·· 114
    施設の概要／下水道の種類／下水道計画／公共下水道への下水排除基準の問題点
  4-3 飲む水などを送る設備（給水設備） ·· 118
    給水方式／給水量／給水圧力／管内流速／機器の大きさ／タンク類の法的基準／
    給水設備用語
  4-4 お湯をつくる設備（給湯設備） ··· 128
    給湯方式／加熱方式／加熱機器／給湯温度／給湯量・貯湯容量・加熱能力／給湯
    配管方式
  4-5 排水や流れをよくする設備（排水・通気設備） ································· 132
    排水設備／通気設備
  4-6 火災が起きたときに必要な設備（消火設備） ··································· 139
    消防用設備等／火災の種類／消火原理／屋内消火栓設備／屋外消火栓設備／スプ
    リンクラー設備／連結送水管設備／連結散水設備／その他の消火設備
  4-7 火を起こす設備（ガス設備） ·· 147
    都市ガス／LP ガス
  4-8 便器などの設備（衛生器具設備） ·· 150
    便器／器具の接続口径／節水器具
  4-9 汚い水をきれいにする装置（浄化槽設備） ······································ 153
    浄化槽の概要／設計諸元の基本になる BOD／建物の処理対象人員
  4-10 汚い水をきれいにして使う設備（排水再利用設備） ·························· 157
    排水再利用の基本的事項／配管設備／水処理
  4-11 雨を利用する設備（雨水利用設備） ·· 160
    雨水利用の基本的事項／シミュレーション／シミュレーション図から貯留槽容量
    を算定する方法

4-12 ゴミを処理する設備（塵処理設備）···163
　　　廃棄物の分類／処理の流れ／ごみの質／循環型社会へ対応する分別／生ごみの処理のためのディスポーザ処理システム

4-13 高層ビルの衛生設備···166
　　　高層ビルの衛生設備　基本計画／高層ビル用の排水システム

5章　建築と光（電気設備）

5-1 建物に電気を取り入れる設備（受変電設備）···170
　　　低圧受電方式／高圧受電方式／設備負荷容量の算出／高圧受電の計画／電気室の大きさ

5-2 災害時の電気設備（自家発電設備）···175
　　　発電機の種別／発電機の構成

5-3 新しいエネルギーの利用設備（自然エネルギー設備）··177
　　　自然エネルギーの種類／太陽光発電装置の機器構成

5-4 物を動かすための設備（動力・幹線設備）···180
　　　動力設備／幹線設備

5-5 光を与える設備（電灯設備）···182
　　　照明の種類／照明の方式／照度計算／コンセント設備

5-6 通信や情報を得る設備（弱電設備）···185
　　　電話設備／構内通信網設備（LAN設備）／拡声設備（放送設備）／テレビ聴視設備／防犯設備／情報表示設備

5-7 火災を知らせる設備（自動火災報知設備）···190
　　　感知器の選定／自動火災報知設備の機器構成

5-8 落雷の被害を防ぐ設備（雷保護設備）···192
　　　雷保護設備の種別／外部雷保護／内部雷保護

6章　建築と輸送（輸送・搬送設備）

6-1 人を運ぶ設備（輸送設備）···196
　　　エレベータ設備／エスカレータ設備

6-2 物を運ぶ設備（搬送設備）···203
　　　気送管搬送設備／自動走行搬送設備／小荷物専用昇降機（ダムウェータ）設備／その他の設備

6-3 車を置く設備（駐車場設備）···205
　　　駐車場の設置条件／駐車場の分類

索　引···209

建築と設備 **1**

- *1-1* 建築物のしくみと構成
- *1-2* 建築設備の計画
- *1-3* 建築と設備の取合い
- *1-4* 建築設備と耐震計画

1-1 建築物のしくみと構成

　建築物の役割は，人間の生活に役立たせる空間をつくることにある．建築物とは，床，壁，天井，屋根などで囲まれた空間である．

　建築物とは，土地に定着する工作物のうち，屋根および柱もしくは壁を有するもの，これに付属する門もしくは塀，観覧のための工作物または地下もしくは高架の工作物を設ける事務所，店舗，興行場，倉庫その他これらに類する施設をいい，建築設備も建築物に含むと建築基準法で定義している．

建築物のしくみ

　人間との関係において建築物のつくる空間には，大別して次のものがある．
（1）　**快適空間**　　健康維持と快適性を追究した空間（住宅・事務所・学校など）
（2）　**装置空間**　　物や機械を主体とし，人が作業などを行う空間（倉庫・工場など）

　快適空間と装置空間の両方が共に関係する空間もある．すべての空間に求められることは，安全であり，機能性をそなえ，耐久力のある性能を有し，造形的にも美しいものであることである．

建築物の構成

　建築物の構成をなす基本は，建築物の利用者の目的と利用方法によって決まる．たとえば，大規模な美術館・博物館の場合，
① 複雑な建築物の構成は，その目的や方法のしくみの複雑さに対応する．
② 利用方法により展示，収蔵，研究，研修，管理などに区分けされる．

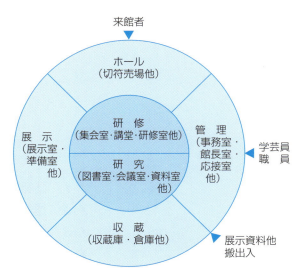

図1・1　博物館の機能・構成例

③ 展示・収蔵を中心にして，常設展示，企画展示，一般展示などに細分化される．
④ これらの区分により棟別，階別など建築の構成に影響し反映されることになる．

その他，美術館・博物館と同じように，ホテルや病院なども，機能・利用方法により区分がなされる．

建築物の構成を定める基本単位には次のものがある．これに基づき，平面計画，立面計画，断面計画が進められる．

（1） **ブロック計画**　必要諸室を各区分に対応してひとまとまりに配置する計画
（2） **動線計画**　諸室相互（ブロック相互）間を結ぶ通路などの空間計画

建築計画の流れ

建築計画は，建築物などを建てるための手順と方法を考えることである．

建物が完成するまでの過程

建物完成までの過程は，大きく分けて次の3段階である．

（1） **企　画**　事業化の分析，敷地環境の分析，施設の分析などを行い，計画を立てる作業
（2） **設　計**　計画に基づき図面などに具体化して表す作業
（3） **施　工**　設計図書に基づき，実際の工事を行う作業

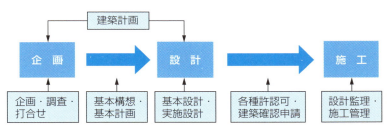

図1・2　建物完成までの過程

建築計画の進め方

建築計画とは，意匠，構造，設備，材料を含む建築にかかわるすべての要素を，要求条件に適合させて総合的に計画することをいい，以下の順に進められる．

（1） **企画・調査・打合せ**　予算，敷地などの計画条件の調査確認，関係法規の調査
（2） **基本構想・基本計画**　所要諸室（種類，規模，性能）計画，ブロック計画，動線計画
（3） **基本設計・実施設計**　平面・立面・断面設計
　　　　　　　　　　　　　　各部詳細設計（確認申請図書，工事発注図書の作成）

建築計画の内容

企画・調査・打合せをもとに，次のような内容に区分された計画作業が進む．

（1） **建築一般計画（意匠計画）**　建物の空間，形態などの意匠上の計画
（2） **構造計画**　主として建物の骨格となる基礎，柱，梁，耐震壁などの計画

（3） **設備計画**　用途に適したシステムや機器などの計画

　上記の計画のなかで留意する事項として，建築空間の特性把握（形・規模・色などを含む空間イメージ），地域性および道路，地形などの周辺環境の把握，気候などの自然条件，騒音などの社会条件の把握，そして防災・避難などがあげられる．

設計図書

設計図書とは，設計図と仕様書の総称である．
（1） **設計図**　設計者の意図を図面に表したもの
（2） **仕様書**　図面に表せない品質や性能などの事項や業務上の事項を記したもの
仕様書には，標準仕様書と特記仕様書がある．
❶ **標準仕様書**：どの工事にも共通する仕様や業務事項を記したもの
❷ **特記仕様書**：標準仕様書に記されていない事項を記したもので，その工事特有の仕様
この設計図書に基づき工事の発注が行われる．

ここが大事！

＊建築物の構成は，目的や利用方法のしくみに適応するように定めるが，時間の経過を考慮した計画とすること．時間の経過にともない，目的，利用方法が変化する場合が考えられる．よって，
　　① 装置および設備の進歩に対応できる計画
　　② 利用者の変化に対応できる計画
などが必要とされる．
　建築躯体の耐久性の向上にともない，時間的な経過への対応が要求され，時間計画も重要である．

＊建築物の環境共生については，省エネルギー・省資源・リサイクル化を図り，持続可能（サスティナブル）な地球環境・周辺環境に配慮しなければならない．

1-2 建築設備の計画

　建築と設備は建築物の目的に沿って不即不離の関係にある．設備は，建築物が機能を発揮するために必要不可欠なもので，設備の知識がなくては建築物の計画は困難である．建築計画，建築構造などの分野とも関連し，お互い密接に関わりあっている．

　建築物がすべて機械化され，利便性が高ければよいというわけではなく，計画・設計段階で自然環境（通風・日照など）や周辺環境を考慮して，必要最小限の設備で最大限の効果を得る内容で，コストも抑え，快適な空間をめざさなければならない．

建築計画と設備計画

　建築物は居住，執務，生産，集会，娯楽などの目的によりつくられる．これらの目的の機能を維持し，衛生，安全を確保するために，必要に応じて建築設備が設けられる．

　建築設備には，電気，ガス，給水，排水，換気，暖房，冷房，消火，排煙もしくは汚物処理の設備または煙突，昇降機もしくは避雷針などがある．

　最近は，建築設備も情報処理化してきた．情報システムや情報機器が発達し，コンピュータ搭載の設備機器などにより，建築物のスケジュール管理，運転管理，エネルギー管理，設備管理支援さらには設備診断にも利用される設備となってきた．

建築計画と設備計画の接点

　建築と設備は，基本計画の初期段階から検討する必要があり，方針を定めながら進める．

（1）　機械室：　位置・規模・構造
1. 機器本体からの熱・音・振動にともなう処理方法の検討
2. 重量による補強方法など構造の検討
3. 機器の搬入，交換，点検などの容易性の検討
4. 天井高，梁高などの高さの検討

（2）　電気室：　位置・規模・構造
1. 湿気，水に対処できる位置（湿気が大敵）の検討
2. 熱・音・振動に対する処理方法の検討
3. 重量物のため構造の検討

（3）　配管・ダクトなど：　スペースの位置・大きさ
1. シャフトスペースの大きさの検討（梁などを除いた有効面積による）
2. 位置の設定…搬送動力が少ない計画とすること．梁貫通，天井裏配管スペースには特に留意する．排水，ドレン配管など勾配を要するものに注意すること．
3. 点検口の位置の検討…共用部からアクセスできること．

（4）　屋上および屋外に設置する機器
1. デザイン，法規制（斜線制限など）の検討

❷ 騒音，臭気など近隣への配慮，検討
❸ 屋上など防水層への配慮，検討（鳩小屋など）

（5） 建築と設備による防災計画
防火区画や排煙設備などの防災に関しては，建築と設備が関係するので十分検討すること．

（6） 断熱材の確認
建築で断熱材を施工することが一般的であるが，ピロティなど，外気に面する部分で設備側において施工する箇所は，結露などの生じるおそれがあり，確認が必要である．

空間・場所の建築設備計画

（1） 利用空間の快適性　利用空間の効果を増すために，利用者・管理者が便利で快適である設備を計画すること．

（2） 利用空間と支援空間のフレキシビリティ化
❶ 利用空間の用途変更やレイアウト変更が可能で，設備機器の移動，設置などが容易で自由度の高いこと．
❷ 配管やダクトなどを収容する空間についても，変更時の容易性，自由性があること．

（3） 設備占有空間の縮小化　利用空間をより有効活用するため，設備の支援空間の面積は小さいことが望ましい．
❶ 設備機器の縮小化
❷ 所要面積を小さくする機器配置および配列
❸ 天井内・壁内・床下などの空き空間の利用

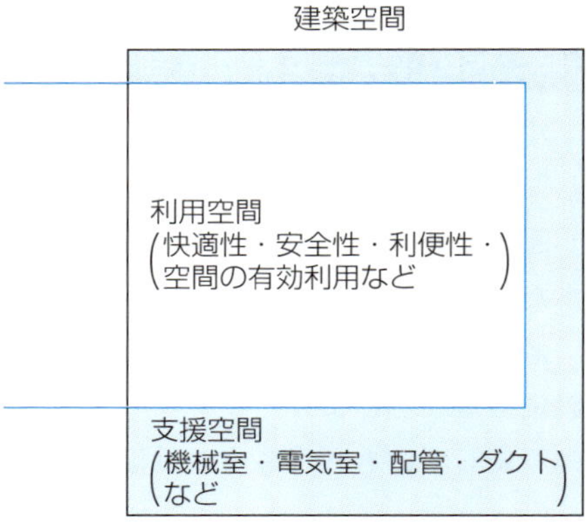

（4） 機械室・電気室などの設置場所　これらの室は空間として相当の面積を必要とするため，利用空間として効用の低いところを選定する．
❶ 地下室，屋上などの利用
❷ 外部の空き敷地の利用など

図1・3　利用空間と支援空間（概念図）

システムにおける建築設備計画

建築設備のシステムとして次のようなものがある．
❶ 給排水衛生設備
❷ 空気調和設備
❸ 電気設備
❹ 通信，情報処理設備
❺ 防災設備
❻ 搬送設備　など

（1） インタフェース化　各システムには固有の機能があるが，相互に関わりあう部分が多く，共通部分を統合化する計画が望まれている．

❶ 一元管理と分散利用の選択…利用者の利便性
　　　　　　　　　　　　　…効率の良い安全な管理運営
❷ 設備システムの成長と分割の自由性…設備機器の取付け，移設の容易性・自由性
　　　　　　　　　　　　　…増設・増容量の可能性
（2）　**システムの自動化**　　関連する設備全体を考え，無駄のない運転計画，利便性の高い計画．
（3）　**システムの安全化**　　機能喪失とならない計画，事故発生のとき安全側に作動する計画．
（4）　**システムの規模設定の最適化**　　高効率の運転計画．
（5）　**建築との一体化**　　ユニットバスなどの複合機能を持つ空間，OAフロアなど床と一体利用をする空間など，装置化・モジュール化・プレハブ化・家具化して建築と一体で計画されている．

サービスにかかわる建築設備計画

通信・情報処理設備の発達により，建築の空間利用における各種サービスの提供が行われるようになってきた．
（1）　**情報通信設備**　　電話設備，LAN設備，共同受信設備，放送設備，インターホン設備，駐車場管制設備，防犯設備，防災設備，中央監視設備など，電力を情報伝達や機器の制御に使用する設備をいう．
（2）　**伝送路のデジタル化**　　伝送量・速度が向上し，コンピュータ処理による，データの加工，蓄積，検索などが容易となり，他の設備機器をコンピュータで制御することができ，機能の高度化，自由度の向上，省エネルギー化が図られるようになった．コンピュータ技術の使用によるネットワーク構築（システムの高度化，多様化）がなされるようになった．

> **ここが大事！**
> ＊**インタフェース**：接続規格や仕様の異なる周辺装置や，複数の機器を接続させるための装置，または接続手順を定めた規格や，装置の規格や仕様そのもののことをいう．広義には，人間と機械などの異なるものを結びつけることや，結びつけるものをいう．
> 【例】IDカードの利用…会議室の開錠，空調の開始，照明の点灯，各種情報の取出しなどが可能

建築設備と躯体

躯体とは，床や壁・梁・柱など建物の構造を支える骨組みをいう．建築設備には，建築の躯体に影響を与えるものがある．それは，重量であり，振動や騒音をともなう機械や機器類，そして，躯体を貫通する配管やダクトなどがある．

躯体の貫通

給排水管，空調配管，ダクト，ガス管，電線，電気配管などが躯体を貫通することによる問題点と対策
（1）　**貫通（穴あき）による構造強度の低下**　　構造設計者と打合せおよび十分な検討が必要である．

（2） 貫通によるクラック（亀裂）の発生　亀裂防止のため補強を行う．構造設計者と打ち合わせて進める．

（3） 防火区画を貫通する場合　耐火構造などの防火区画，防火壁，界壁，隔壁，間仕切壁の貫通配管の法的注意事項は次のとおり．

❶ 貫通部の両側1mの部分は，不燃材でつくる．
❷ 防火区画を貫通するダクトは，厚さ1.5mm以上の鉄板製の防火ダンパを用いる．
❸ 配管，ダクトの周囲のすき間は，不燃材で充填する．

（4） 外壁を貫通する場合　地面下の配管を貫通させるときの注意事項は次のとおり．

❶ 湧水，地下水などの防水対策を行う．
❷ 地盤沈下，建築物の不同沈下などの変化に対する変位吸収の対策を行う．
❸ 異種金属との接触などによる腐食に対する防食対策を行う．
＊ガスの引込管に関しては，省令により規定されている．

（5） 防水層を貫通する場合　防水層の貫通配管はできるだけ避けるほうがよいが，やむを得ない場合は，配管と防水層の取合い部分に十分注意すること．

設備機器の設置

冷凍機，ポンプ，空調機，変圧器，高置水槽，受水槽などの重量があるものや，振動，騒音，熱を発生する機器類の設置の問題点と対策

（1） 地震対策　据付け強度の確認，地震災害時における二次災害防止対策を行う．
（2） 振動・騒音・熱対策　次のような検討や対策を行う．

❶ 振動・騒音発生機械室周辺の床スラブ，壁の厚さなどの遮音性能の検討
❷ 設備機器の防振対策
❸ 設備機器と配管・ダクト間の振動絶縁対策と支持金物の防振対策
❹ 貫通部の完全な仕舞い
❺ 機械室などの空間の遮音，防振対策
❻ 配管，ダクトへの過大流速や圧力，および極端な断面変形や曲がりのチェック
❼ 熱発生の機器は，設置空間の容量などの検討

（3） 機械基礎の対策　重量のあるものを設置する場合，建築躯体の床・梁・柱の補強などの検討を行う．
（4） 機器類の故障・更新への対策　対応できるようにスペースの検討を行う．

建築物と建築設備の耐用年数

耐用年数とは，減価償却を行うにあたって，減価償却資産について減価償却を行う期間・年数をいう．建築物の耐用年数と建築設備の耐用年数が異なることにより，問題が発生する．一般的には，建築設備の耐用年数が短い．

耐用年数の考え方

耐用年数の考え方には，次のような分類方法がある．

（1） 社会的（機能的）耐用年数　社会・経済活動の進展による生活様式の変化や機器の改善などにより，建築物・建築設備の機能が相対的に低下し，建築物の価値，効率が著しく損なわれるまでに至った年数．

（2） 物理的耐用年数　利用状況や環境によって，建築物・建築設備が使用に耐えられなくなったり，危険な状態になるまでの年数．

（3） 経済的耐用年数　維持管理費（**ランニングコスト**）と建設費（**イニシャルコスト**）をもとにライフサイクルコストを分析して，ライフサイクルコストの価値が最小となる時点の年数．最近では，社会的（機能的）耐用年数を描きながら，経済的評価に基づいて判断された耐用年数をいうことが多い．

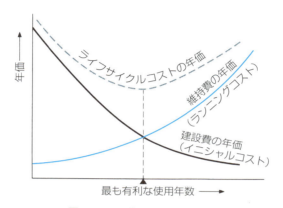

図1・4　設備の経済的耐用年数

（4） 法定耐用年数　税法上，減価償却などを目的として定められた年数．資産の種類，構造，用途別に，耐用年数を詳細に定め，画一的に処理するように扱う．表1・1，表1・2に建物と建物付帯設備の法的耐用年数の一部を抜粋し，比較してみる．

建築設備の維持管理

建築設備の維持管理は，初期性能の劣化を防ぎ，社会的要求の変化にこたえ，長期間にわたり運用ができ，利用者の安全が確保できることを目的としており，図1・5に示す保全業務が適宜行われる．

設備機器類は，初期故障が発生する時期を過ぎると故障率は下がり，偶発故障時期に入る．そして，故障率の急増する摩耗故障時期となる．

図1・6に示すように，耐用年数を延ばすためには，予防保全が重要なこととなる．

（1） 予防保全　故障を未然に防ぐため，あらかじめ計画的に点検・検査・再調整・試験などを行う保全をいう．

❶ **状態監視保全**…機能や性能の劣化を早期に見つけ適切な対策をとること
❷ **時間基準保全**…一定の時間基準により，定期点検・部品の交換，オーバーホールなどにより保全すること

（2） 事後保全　故障が発生した後に行う保全をいう．

表1・1　大蔵省令による耐用年数表（建物）（一部抜粋）

構造，用途		細目	耐用年数
鉄骨鉄筋コンクリート造，鉄筋コンクリート造		事務所用，下記以外用	50年
		住宅用，宿泊所用	47年
		店舗用，病院用	39年
		送受信所用，車庫用，格納庫用，と畜場用	38年
れんが造，石造，ブロック造		事務所用，下記以外用	41年
		住宅用，宿泊所用，店舗用	38年
		病院用	36年
		送受信所用，車庫用，格納庫用，と畜場用	34年
金属造	骨格材の肉厚（4 mmを超える）	事務所用，下記以外用	38年
		住宅用，宿泊所用，店舗用	34年
		送受信所用，車庫用，格納庫用，と畜場用	31年
		病院用	29年
木造，合成樹脂造		事務所用，下記以外用	24年
		住宅用，宿泊所用，店舗用	22年
		送受信所用，車庫用，格納庫用，と畜場用	17年
		病院用	17年
簡易建物		主要柱が10 cm角以下で，杉皮，ルーフィング，トタン葺きのもの	10年
		掘立造のものおよび仮設のもの	7年

（減価償却資産の耐用年数等に関する省令（昭和40年大蔵省令第15号））

表1・2　大蔵省令による耐用年数表（建物付帯設備）（一部抜粋）

構造，用途	細目	耐用年数
電気設備（照明設備を含む）	蓄電池電源設備	6年
	その他のもの	15年
給排水設備，衛生設備，ガス設備		15年
冷房，暖房，通風，ボイラ設備	冷暖房設備（冷凍機の出力が22 kW以下）	13年
	その他のもの	15年
アーケード，日よけ設備	主として金属製のもの	15年
	その他のもの	8年
その他のもの	主として金属製のもの	18年
	その他のもの	10年

（減価償却資産の耐用年数等に関する省令（昭和40年大蔵省令第15号））

(3) 建築設備の維持保全

維持保全の目的は、竣工時の機能や性能を常に最適な状態に保つことである。そのためには、初期性能を確保し、運転、点検、整備、修繕を行うことが重要である。保全には、予防保全と事後保全がある。

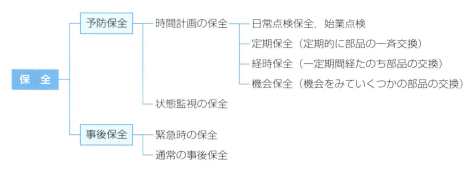

図1・5 保全の分類

(4) 故障率

建築設備は、竣工時の試運転調整に始まるが、建物の竣工当初は設備機器などの初期故障が起こりやすく、この時期を過ぎると安定期に入り、その後、設備機器の消耗や劣化により故障が増加してくる。故障率と経年変化の関係図は、保全に対する故障率の曲線に示すとおりである。

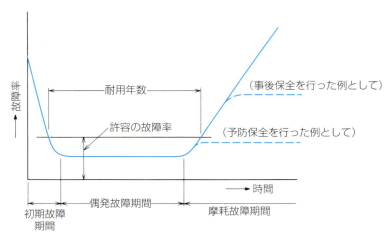

図1・6 保全に対する故障率の曲線（バスタブ曲線）

ここが大事！

＊設備の維持管理を考えた建築計画
① 設備の維持管理が容易に行える更新スペースを確保すること。
② 建設全体コストにおいて、設備コストへの適正配分を心がけること。
③ 配管など、建築躯体内への埋込みを最小限に抑えること。
④ ユニット化された機器類の交換、更新が容易な計画とすること。

1-3 建築と設備の取合い

　設備設計を進めるにあたり，建築との間で取合いが生じる．取合いとは，建築用語で，2つもしくは3つの材料が出あうところで，部材の組合せ方，接続の仕方など調整が必要な部分や箇所または調整方法をいう．意匠設計はもとより，構造設計においても打合せが必要となる．ここでは，取合いの納まりで，法的に規制された事項，設備とのからみで問題が生じる事項，あるいは一般事項を説明する．

設計図書

　設計図書とは，工事を施工するために必要な図書で，図面（設計図面）・設計書および仕様書・その他の書類（現場説明事項書や構造・設備計算書等）をいう．建築と設備の取合いについて，次の事項を設計図書において確認する．

（1）**設計内容**　　設備のシステム，特殊設備，新機材，新工法
（2）**機器類**
　❶ 機器の容量，制御システム
　❷ 騒音，振動，熱などに対する措置
　❸ 法的規制の有無
（3）**工事上の問題**
　❶ 建築との工事範囲区分，施工上の取合い
　❷ 別途工事区分，支給資材の有無
　❸ メーカ指定・協力工事業者指定の有無

施工図

　施工図とは，現場において職人が施工するために必要な図面をいう．躯体図，平面詳細図，配管図，プロット図，割付図などがある．建築と設備の取合いについて，次の事項を施工図において確認する．

　❶ スリーブ，箱入れ，インサート
　❷ 天井懐，パイプシャフト，ダクトシャフトなどの空間寸法および配管図
　❸ 機器廻りの空きおよび配管図
　❹ 機器据付けにともなう機器の基礎，架台の防振・耐震方法と対策
　❺ 点検口の位置寸法，他設備（電気接続位置，照明位置，吹出口など）との位置関係
　❻ ダクト・配管などの勾配，支持金物，伸縮継手，トラップ装置や梁，防火区画，防水層などの貫通部

施工上の注意点

梁貫通孔の補強

梁の貫通孔は，必要最少かつ小径を原則とする．貫通孔が必要な場合は，下記基準を満たし，検討結果を建築担当者に提出し承認を得ること．

（1） 鉄筋コンクリート造における梁貫通

❶ 梁貫通部のせん断強度が低下するため，せん断補強筋を増やす．

❷ 補強を行えば，梁せいの1/3までの貫通孔を設けることができる．孔が円形でない場合はこれの外接円とする（図1・7）．

❸ 梁の上・下端から梁貫通孔の距離（h）は，500 mm≦梁せい＜700 mm：h≧175 mm，700 mm≦梁せい＜900 mm：h≧200 mm，900 mm≦梁せい：h≧250 mm 以上とする（図1・7）．

❹ 梁貫通の周囲は応力が集中するため，補強を必要とし，また，梁全体としての断面欠損による主筋・あばら筋の補強が必要となる（図1・9）．

❺ 梁貫通の径が梁せいの1/10以下で，かつ150 mm 未満の場合，補強は省略できる．

❻ 梁貫通が並列する場合の中心間隔は，孔径の平均値の3倍以上とする（図1・8）．

❼ 柱面から梁貫通孔の外面は，梁せいの1.5倍以上離す（図1・8）．

❽ 縦筋および上下縦筋は，あばら筋の形に配筋する．

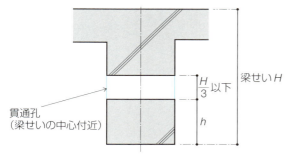

500mm≦H＜700mm：h≧175mm
700mm≦H＜900mm：h≧200mm
900mm≦H　　　　：h≧250mm

図1・7 貫通孔の大きさ，位置

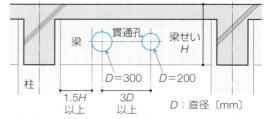

左の貫通孔の径が300 mm，右の貫通孔の径が200 mm の場合，孔径の平均値は
$$\frac{300\,\mathrm{mm}+200\,\mathrm{mm}}{2}=250\,\mathrm{mm}\ となる．$$
2つの貫通孔の中心間隔は，孔径の平均値の3倍以上なので，3D＝3×250mm＝750mm 以上とする．

図1・8 並列する貫通孔の中心間隔・柱からの距離

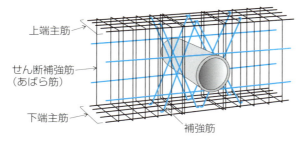

図1・9 梁貫通の補強

⑨ 補強筋は，原則として主筋の内側とする．
⑩ 溶接金網の余長は，1格子以上とし，突出しは 10 mm 以上とする．
⑪ 溶接金網に着けるリング金は，溶接金網に4箇所以上溶接する．
⑫ 溶接金網の割付け始点は，横筋であばら筋の下側とし，縦筋では貫通孔の中心とする．

（2） 鉄骨造における梁貫通

鉄骨造の場合は，設計基準は定められていないが，貫通孔の大きさや間隔などは構造設計者との打合せで決める．一般的には貫通孔高さ（D）/梁せい（H）が 0.5 程度となっている．鉄骨発注前に工場にスリーブ図を渡し，工場での鉄骨製作時にスリーブを取り付け，必要に応じて補強を行う．

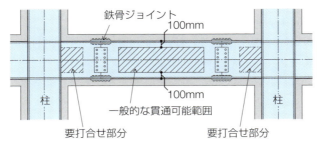

図 1・10 鉄骨造の一般的な貫通可能範囲

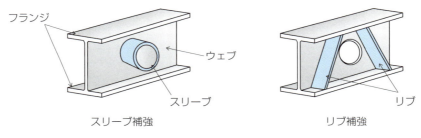

図 1・11 鉄骨造の梁貫通補強例

防水層貫通

（1） 屋内の防水層のある床の貫通配管

スリーブは床仕上げ面から 30～50 mm 立ち上げ，スリーブと配管の間のすき間を充填材で埋め，コーキングを施す（図 1・12）．

（2） 屋上の防水層貫通

屋上を貫通する場合は，つば付きのスリーブなどを用いて十分に防水性を確保する．できる限り1箇所にまとめて小屋（鳩小屋と呼ばれる）をつくり，雨水の浸入を防ぐ．塔屋がある場合は，その擁壁を利用して，防水層の立上がりの上部より屋外に配管する方法を用いる（図 1・13）．

スリーブ・箱入れ

（1） スリーブ

配管や丸ダクト（風道）が床や壁などを貫通する場合に，その開口を確保するためのさや管（一回り大きい管）をいう．型枠を組み，躯体のコンクリート打設前に，型枠にあらかじめくぎなどで紙筒

1-3　建築と設備の取合い

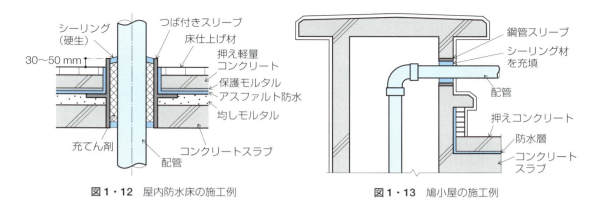

図1・12　屋内防水床の施工例　　　　図1・13　鳩小屋の施工例

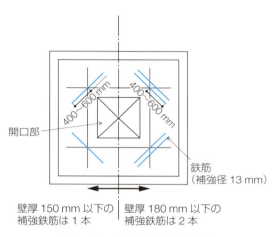

図1・14　壁貫通スリーブの補強

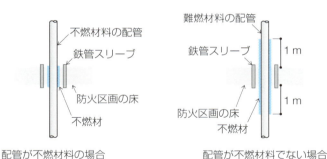

図1・15　防火区画貫通のスリーブ例

（ボイド管）を設け，コンクリートの養生期間が経過した後に型枠を外し，ボイド管を除去すると貫通孔ができる．この空いた貫通孔の中に各種管を施工する（図1・14，1・15）．

（2）箱入れ

　床や壁のコンクリートを打設するとき，あらかじめ箱形の型枠を入れ角穴をあけることを箱入れという．和風大便器の床取付け（図1・16，1・17），消火栓箱の壁埋め込みなどに用いる．鉄筋コンクリート造の場合は配筋時に行い，補強が必要な場合は補強配筋も同時に行う．

■■ 1章 建築と設備 ■■

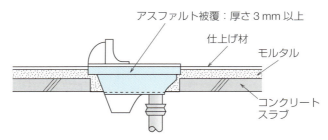

図1・16 和風大便器の取付け

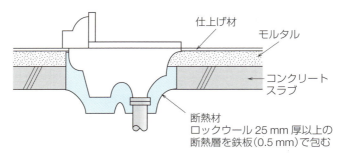

図1・17 防火区画貫通部の和風大便器の取付け

　デッキプレートの場合は，デッキプレート上で箱を取り付け，コンクリート打設後にデッキプレートを切断して角穴をあける．
❶ 箱の材料：厚さ9 mm以上の合板，板材（箱の角を火打ち材で補強し破損しないように）
❷ 箱の大きさ：配管に保温材などを巻くことを考慮した寸法とする（和風大便器の箱入れは，一般的に，500 mm×200 mmの型枠を入れる）．

機器類の基礎

　設備機器を据え付ける台としてのコンクリート基礎においては，一般的に防水が絡んでくる場所での工事は，建築工事とし，機械室などの室内基礎は設備工事としている．
❶ 据付位置を検討する（機器寸法，機器廻りの配管施工などの作業性，維持管理上の作業性，法規制などの離隔，機器の重量，地盤または床や梁などの耐力，高温・多湿・塵埃や振動の程度の検討）．
❷ 基礎は堅牢で，水平に仕上げる．
❸ 重量機器類の基礎は，スラブと一体となるようにスラブ配筋と基礎配筋を緊結する（図1・18(a)）．
❹ 軽量機器類の基礎で，スラブ上に後からつくる場合は，スラブを目荒ししてから十分水洗いして，コンクリートを打つ（図1・18(b)）．
❺ 防水層のある床に設ける基礎は，防水工事をする前につくり，基礎の防水層を立ち上げる（図1・18(c)）．
❻ 地震や風圧による機器類の転倒，移動を防止し，防振，防音などに配慮した基礎を設ける．

16

1-3 建築と設備の取合い

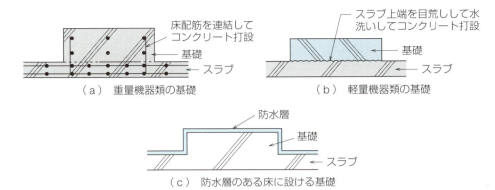

図1・18 機器類の基礎

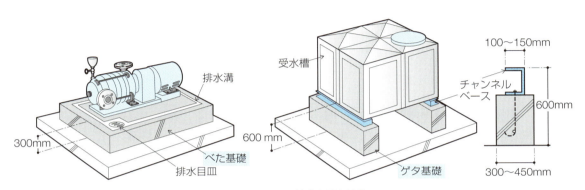

図1・19 べた基礎とゲタ基礎

1-4 建築設備と耐震計画

　2011年3月11日，東北地方太平洋沖地震が発生し，甚大な被害がもたらされた．建物内の設備被害は，地震継続時間も長かったため，吊り支持されていた設備の落下や防振架台上の機器の損失が多くなった．例えば，天井吊り機器・ダクト・配管の落下，天井内全熱交換器の支持材破損による落下，スプリンクラー配管の損傷，防振架台上の屋外機本体の損傷，受水槽のパネル破損などがあげられる．

建築の耐震構造

　建物の構造には，鉄筋コンクリート造，鉄骨造，木造などがある．規模や平面計画などを考慮して構造形式を決めている．また，建物が地震に耐える方法として，耐震構造，制振構造，免震構造という形式がある（図1・20）．

（1）　耐震構造　　太い丈夫な柱と梁で，建物の本体が地震に耐えられる強度でつくられ，揺れが大きい．

（2）　制振構造　　高層鉄筋コンクリート造の建物に採用される．各階にエネルギーを吸収する制振装置（ダンパー）を設置し，揺れを小さくし，構造体の損傷を防止する構造．

（3）　免震構造　　地震の揺れが直接建物に伝わらない構造で，建物と建物基礎の間に免震装置，減衰装置を取り付けた構造．

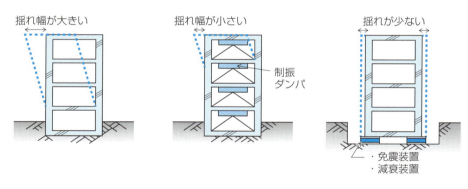

図1・20　耐震・制振・免震構造の揺れ方の例

設備耐震の計画

　耐震計画を行うには，**留意点**と**地震被害の現状**を把握して，効果的な計画を作成する必要がある．

耐震計画の留意点

❶ 耐震に使用する材料は規格品を使い，強度のあるものとする．
❷ 地震時の被害や実情を想定，検討し，耐震措置を計画する．
❸ 機器類は，地震力や変位量の小さい1階以下などの低層階に設置するよう計画する．
❹ 配管の耐震計画は，配管本体，支持部材，躯体への取付け部に分けて行う．
❺ 配管やダクトが大きく揺れて本体が破損したり，ほかの機器や配管に衝突して破損することがないように，耐震支持材で建築躯体からの間隔支持を計画する．

地震被害の現状把握

（1） 床上設置機器の被害

❶ 建築の躯体に設ける機器類の緊結固定方法が配慮不足のため，機器に破損が生じた．
❷ 冷却塔基礎の強度不足やアンカーの強度不足のため，冷却塔に破損が生じた（図1・21）．
❸ 冷却塔内の充填材に移動防止措置が施されていなかったため，充填材が塔外へ飛び出し破損が生じた．
❹ FRP水槽の機器本体の強度不足のため，冷却塔に破損が生じた．

（2） 配管，ダクトの被害

❶ 水槽類，ポンプ，ボイラ，冷凍機などの移動によって，配管継手部が破損し，機能障害が生じた．
❷ 床上や天井吊りなどの機器類の移動によって，配管継手部が破損し，機能障害が生じた．
❸ 排水・汚水・雨水ますなど土中埋設物の浮き上がりや沈下によって，接続配管の切断，破損が生じた（図1・22）．
❹ 天井内スプリンクラー配管とダクトの揺れによる配管の破損が生じた．

（3） 切断と脱落による被害

❶ ダクト，配管などの吊り，支持金物の破断により，ダクト，配管に破損が生じた．
❷ 排煙口，吸込口，吹出口，換気口などの脱落による被害が生じた．
❸ 送風機，空調機のたわみ継手（キャンバス継手）の亀裂，切断により，機器に破損が生じた（図1・23）．
❹ モータダンパ類のモータ部分の落下による被害が生じた．

図1・21 冷却塔基礎の破損の例

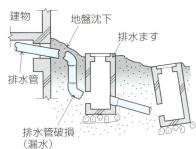

図1・22 排水管とますの破損の例

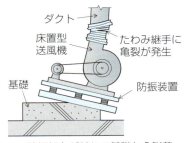

図1・23 たわみ継手の亀裂の例

（4） 吊り下げ機器の被害

❶ 吊り金物本体の強度不足と埋込金物などの強度不足による機器の被害が生じた．
❷ 吊り下げ機器や吊りボルトの耐震振止め不備による機器の破損が生じた．
❸ 重量機器の頂部支持箇所の取付け不良による被害が生じた．

（5） 消火設備の被害

❶ 消火機器，器具の移動，転倒，落下による被害が生じた．
❷ 消火配管の移動，破断，落下による被害が生じた．
❸ 屋内消火栓箱に**ねじれ**が生じ，扉の開閉が不可能となる破損が生じた．

耐震対策

機器，配管，ダクトは，耐震設計や耐震施工管理のもとに計画・施工ができていれば，設備に対する耐震性能の目標を設定することができる．耐震対策には，以下のような項目があげられる．

（1） 床上設置機器の対策

❶ 冷却塔の転倒，移動防止には，堅固なコンクリートの基礎上に緊結固定を行う．
❷ 冷却水配管の重量が直接冷却塔本体にかからないよう，配管架台用基礎上に冷却水配管を支持する．
❸ 屋上にビルマルチの屋外機を設置する場合，梁型コンクリート架台上に鋼材基礎を掛け渡して固定を行い，屋上面より浮かして設置する．
❹ 重量機器は，建物の下層階に設置して，特に防振装置を必要とする冷凍機やポンプなどの重量回転機器は，上層階に設置しない．
❺ パッケージ型空気調和機などの縦横比の大きい自立型機器は，脚部固定のほかに背面の壁や天井から2箇所以上の頂部支持材で堅固に支持する．

（2） 配管，ダクトの対策

❶ 冷却塔本体に冷却水配管を接続する場合，**変位吸収管継手**を用いる（図1・24）．
❷ ブラケットなどの取付けアンカーボルトは，耐圧が十分あるものを用いる．
❸ 耐震装置の計画には，耐震装置本体の保守・点検が容易にできるように考慮する．
❹ 防振装置には耐震上有効なストッパを設ける（図1・25）．

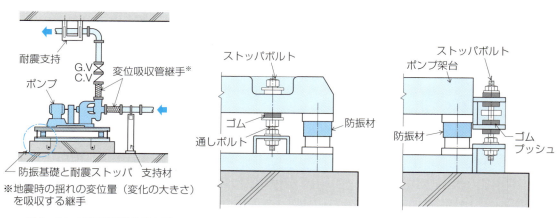

図1・24 変位吸収管継手の例　　**図1・25** 防振装置のストッパの例

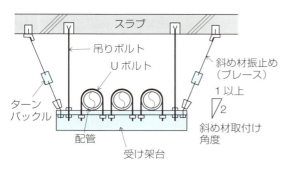

図1・26 横走り配管の振止め支持例

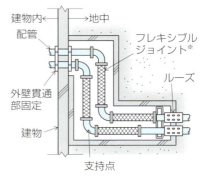

※地震時以外で機器類からの振動を吸収する継手

図1・27 建物への導入配管の例

❺ 軟弱地盤や盛り土に配管を計画する場合は，地盤の沈下などを考慮して，大型トレンチや配管用トレンチを設置して，トレンチ内配管とする．

❻ 吊り下げの配管・ダクトの吊り下げ支持材の長さは，できるだけ短くする．

❼ 横走り配管の振止め支持には，横ブレ防止のブレースを設ける（図1・26）．

❽ 配管途中に設ける吊り下げ弁類などで，重量のあるものは，単独に堅固に支持を行う．

（3） 建物への引込み配管の対策

❶ 建物周囲で起きる地盤沈下による配管損傷の防止には，配管埋設時に十分な地業を行う．

❷ 建築設備配管の建物の導入部は，建物と周囲地盤との間に生じる不同沈下によって引き起こされる変位量も吸収できるような配管とする（図1・27）．

省エネルギー

「建築物のエネルギー消費性能の向上に関する法律（建築物省エネ法）」が，2015年7月8日法律第53号として制定された．この法律は，エネルギーの使用方法ではなく，建築物のエネルギー消費性能に着目した法律である．エネルギー消費性能とは，建物の使用時間や利用人数といった前提条件を一定に揃えることで，またここでいうエネルギーは，建物に設ける空気調和設備・空気調和設備以外の換気設備・照明設備・給湯設備・昇降機設備のことである．

建物と省エネルギー

建物に必要なエネルギーは，建物の配置・形状・外皮・外周壁・屋根・屋上の構造・開口部などで左右される．さらに，太陽の光と熱・外気温度・風などの自然の要素を取り入れ，または，遮断するかが，省エネルギーの効果を評価するもととなる．省エネルギーの考え方を以下に示す．

（1） 建物の配置・形状

❶ 長方形の場合，長辺が南北面になるように配置する（夏の日中の日射熱取得は，南面の壁よりも東西面の壁のほうが多い）（図1・28）．

❷ 同じ床面積では，建築平面の縦横比を小さくする．

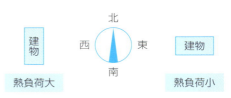

図1・28 建物の形状と配置

1章 建築と設備

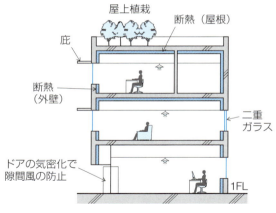

図1・29 省エネルギーを考慮した建物

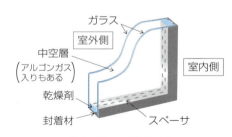

図1・30 二重ガラス

❸ 同じ床面積では，外壁面積や屋根面積を小さくする（同じ床面積では，外壁面積や屋根面積が大きくなるほど，外気温度の影響を受ける）．

❹ 同じ床面積では，建物の平面形状を正方形に近づける．

（2）外皮・外壁・屋根・屋上・開口部（図1・29）

❶ 外壁色は，日射吸収率の小さい明るい色にする．

❷ 建物の屋上，外壁面を緑化する．

❸ 外壁・屋根（屋上）・床などに断熱材を使用し，断熱性を向上させる．

❹ 二重ガラスや明色ブラインドを採用する（図1・30）．

❺ 窓面積比を小さくする（特に東西面の窓ガラスを少なくする）．

（3）照明や空気調和

❶ インバータ＋Hf型照明器具（点灯時に安定器，点灯管が不要）を採用する．

❷ 間接照明は避ける．

❸ 空気調和機内の静圧を小さくする．

❹ 高効率の送風機を採用する．

❺ ダクトの圧力損失を小さくする．

❻ 可変流量ポンプを採用する．

❼ ポンプの台数制御を採用する．

❽ 配管抵抗を小さくする．

建築設備の環境対策

現在，環境問題と呼ばれているものに，オゾン層の破壊，地球温暖化，水質汚染，大気汚染，酸性雨，熱帯雨林の減少，海洋汚染，沿岸埋め立て，砂漠化，有害廃棄物の越境移動，砂漠化などがある．

建物の環境対策について次に示す．

建物内の環境構成

ある規模以上の建物内の環境を構成するものには，**生活環境**，**空気環境**，**水環境**，**音環境**があげられ，良好な環境の形成と維持が必要となる．

（1） 生活環境

ビル管理法（建築物における衛生的環境の確保に関する法律）により，7つの項目について守らなければならない最低ラインが決められている．

①温度 17〜28℃　②相対湿度 40〜70%　③気流 0.5 m/秒　④浮遊粉塵 0.15 mg/m³
⑤二酸化炭素 1000 ppm 以下　⑥一酸化炭素 10 ppm 以下　⑦ホルムアルデヒド 0.1 mg/m³ 以下

（2） 空気環境

❶　室内空気の汚染を避け，室内空気を正常に保つには，空気中の塵埃，細菌，有毒ガス，臭気などを除去する．

❷　室内空気中の，人間の新陳代謝による熱，水分，CO_2 の発生，O_2 の減少，体臭その他の臭気，粉塵，細菌の放出，ガス，蒸気などにより汚染されているものを除去する．

（3） 水環境

❶　建物やその周辺で，水の利用に対して衛生的な環境を保持する．
　　受水槽（上水（水道水）の貯水槽）の水質安全の確保のため，**6面点検**ができるように点検スペースの確保を行う（図1・31）．

❷　使用者の水利用を考え，節水化，省資源化や省エネルギー化を図る．

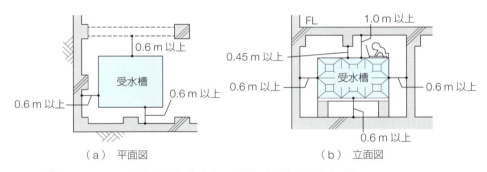

図1・31　給水タンク廻りの保守点検スペース

（4） 音と生活環境

❶　建物内外の騒音，振動に対する遮音，防振，空調による騒音に対する減音の対策が必要．

❷　劇場やホールでは，音を生かすための音響設計や電気音響設備が必要．

❸　以下のような生活音による振動や音は，間仕切り壁や床を通じて隣接の部屋に伝わるため，騒音や減音の対策が必要となる．

・室内での話し声・赤ちゃんの泣き声・ピアノを演奏する音
・台所のシンクやトイレなどからの排水音・テレビからのスピーカ音
・子供が飛び跳ねる床の衝撃音

建築と空気
（空気調和設備）2

- 2-1 空気を調整する設備（空気調和設備）
- 2-2 空気の状態がわかる線図（湿り空気線図）
- 2-3 室内に影響する熱（空調負荷）
- 2-4 空気を調節する機器（空気調和機器）
- 2-5 空気を調節する方法（空気調和方式）
- 2-6 エネルギーをつくる機器（熱源機器）
- 2-7 空気を送る設備（送風機・ダクト設備）
- 2-8 水などを送る設備（ポンプ・配管設備）
- 2-9 暖房だけの方法（直接暖房）
- 2-10 特殊な空調の設備（特殊空調）
- 2-11 空気・水を自動的に動かす設備（自動制御設備）
- 2-12 高層ビルの空調システム設備

2-1 空気を調整する設備(空気調和設備)

空気調和とは，対象となる室内空気の温度・湿度・気流・清浄度をその室の使用目的に応じて，もっとも適した環境に保つことである．人間の居住環境の快適化を目的とした保健用空気調和と，主として物品の生産工程や貯蔵などを対象とした産業用空気調和に分けられる．

空気調和の4要素

(1) **温度の調整**　空気を冷却または加熱し，室内を適温に保つ（**顕熱の加減**）．
(2) **湿度の調整**　空気を加湿または減湿し，室内空気の湿度を適切に保つ（**潜熱の加減**）．
(3) **気流の調整**　室内空気の気流速度・方向・分布・気圧を加減する．
(4) **清浄度の調整**　室内空気中の塵埃・細菌を除去，ガス・臭気を希釈または除去する．

顕熱とは，その物体の温度が変わるときの熱をいう（**温度の変化**）．
潜熱とは，温度変化を伴わず，状態変化（蒸発や凝縮など）に使われる熱をいう（**湿度の変化**）．

室内の環境基準

空気調和設備が設置される建築物については室内の環境基準が建築基準法（施行令）や建築物衛生法（施行令）で下表のように定められている．室内汚染物質のおもな発生源は次のとおりである．

(1) **浮遊粉塵**
外部からの流入や人体など．

(2) **一酸化炭素**
燃焼器具（不完全燃焼時）．

(3) **二酸化炭素**　人間の呼気や燃焼器具（CO_2自体は高濃度にならなければ人体に有害ではないが，CO_2の増加に比例して，臭気，塵埃なども多くなると考えられるため，汚染の尺度として用いられている）．

(4) **ホルムアルデヒド**
建材・内装材・調度品など．

表2・1　室内環境基準

項目	室内環境基準
浮遊粉塵の量	空気 $1\,m^3$ につき 0.15 mg 以下
一酸化炭素の含有量	10/1000000 以下
二酸化炭素の含有量	1000/1000000 以下
温度	①17℃以上28℃以下 ②居室における温度を外気の温度より低くする場合は，その差を著しくしないこと
相対湿度	40%以上 70%以下
気流	0.5 m/s 以下
ホルムアルデヒド	空気 $1\,m^3$ につき 0.1 mg 以下

ここが大事！

* **一酸化炭素の含有量**（許容量）：百万分の十以下（10 ppm＝0.001％以下）
* **二酸化炭素の含有量**（許容量）：百万分の千以下（1000 ppm＝0.1％以下）
* 乾燥大気中の二酸化炭素の体積比は，約 0.03〜0.04％程度である．

2-2 空気の状態がわかる線図（湿り空気線図）

われわれが生活している空間を取り囲む大気は湿り空気と呼ばれ，乾き空気と水蒸気が混合したものである．湿り空気の性質を表した図を湿り空気線図といい，湿り空気に加熱・加湿・冷却・減湿などを行った場合，どのように空気の状態が変化するかを検討する場合などに用いられる．

空気線図における用語と単位

（1） 乾球温度（DB：Dry Bulb）

乾いた感温部を持つ温度計で測定した温度のことで，t〔℃〕で表す（図2・1参照）．

（2） 湿球温度（WB：Wet Bulb）

感温部を水で湿らせた布で覆った温度計で測定した温度のことで，t'〔℃〕で表す（図2・1参照）．

（3） 露点温度（DP：Dew Point）

空気中に含まれる水蒸気が飽和して水滴に変わるときの温度のことで，t''〔℃〕で表す．

（4） 相対湿度（RH：Relative Humidity）

関係湿度ともいい，ある空気の飽和状態における水蒸気分圧に対するある状態の水蒸気分圧の比で，ϕ〔％〕で表す．飽和状態とは，相対湿度が100％の空気のことである．

（5） 絶対湿度（AH：Absolute Humidity）

湿り空気中の乾き空気1kg当たりに含まれる水蒸気量のことで，χ〔kg/kg（DA）〕で表す．湿り空気の温度を上昇させても，絶対湿度は変化しない．絶対湿度が一定であれば，温度が上昇すると相対湿度が低下する．

（6） 比エンタルピ（TH：Total Heat）

ある状態における湿り空気の保有する乾き空気中の熱量（**顕熱量**）と水蒸気中に含まれる熱量（**潜熱量**）の和（**全熱量**）のことで，h〔kJ/kg（DA）〕で表す．

（7） 熱水分比（u）

エンタルピの変化量 Δh〔kJ/kg（DA）〕と絶対湿度の変化量 Δx〔kg/kg（DA）〕の比のことで，$u=\Delta h/\Delta x$〔kJ/kg〕で示される．

（8） 顕熱比（SHF：Sensible Heat Factor）

全熱負荷に占める顕熱の割合のことである．

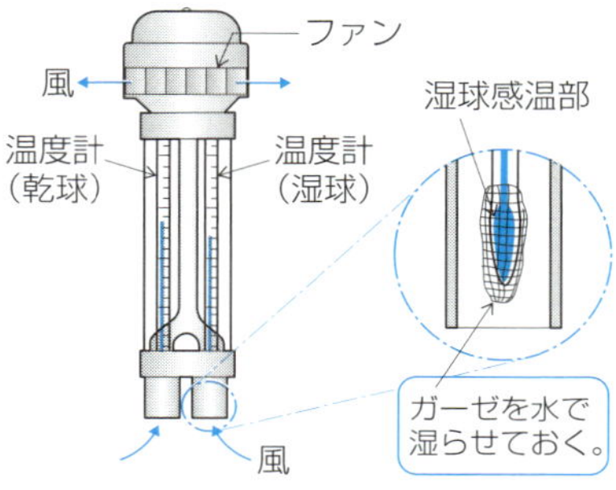

図2・1　アスマン通風乾湿計

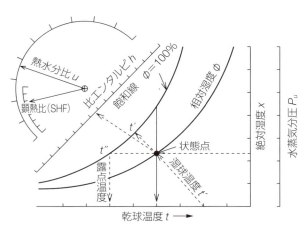

図2・2　湿り空気線図の構成

湿り空気線図

空気線図は，空気の状態が一目でわかる線図である（図2・3）．空気線図の構成は図2・2の通り．

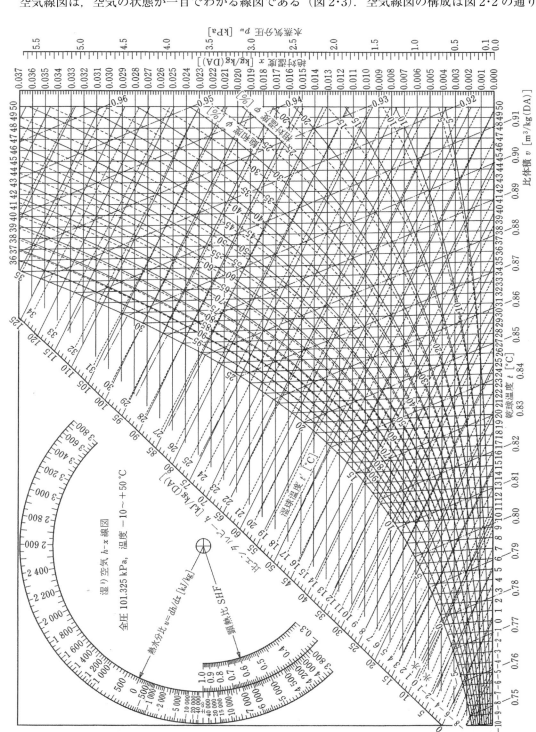

図2・3 湿り空気線図（$h-x$線図）

湿り空気線図の使い方

空気線図に記載されている乾球温度,湿球温度,露点温度,相対湿度,絶対湿度,比エンタルピのいずれかの2点を線図上に示すことにより,ほかの点(状態)がわかる.

(1) 図2・4(a) のように,乾球温度30℃,湿球温度22℃のとき,相対湿度は50%,露点温度18.3℃,絶対湿度0.0132 kg/kg(DA),比エンタルピ64 kJ/kg(DA)が読み取ることができる線図である.また,比エンタルピと絶対湿度がわかっていると,図2・4(b) のような結果となる.

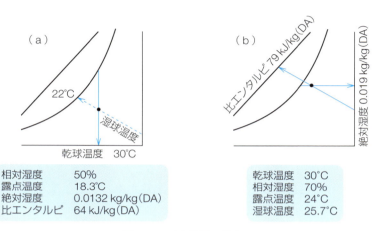

図2・4 空気線図の見方

(2) なお,空気線図より,次のようなことが読み取れる.空気調和の4要素の項(26ページ)で,空気の冷却・加熱は温度の変化と述べているように,絶対湿度線上の変化となる(図2・5(a)).
・冷却は左方に変化:乾球温度は下がり,相対湿度は上がる.
・加熱は右方に変化:乾球温度は上がり,相対湿度は下がる.

空気の減湿・加湿の変化においては,減湿は下方に変化するので絶対湿度と相対湿度は下がり,加湿は上方に変化するので絶対湿度と相対湿度は上がる(図2・5(b)).

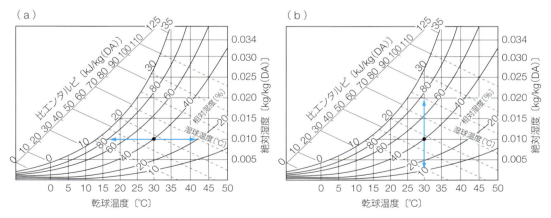

図2・5 空気線図上の状態変化

結露

結露とは、露が物体に付くことである。たとえば、冬季に、室内の湿った暖かい空気が冷たい天井や壁などに触れると、冷やされた空気が含む水蒸気は飽和状態になり、それ以上の量の水蒸気を空気中に含みきれなくなって、天井や壁に水滴となって付着する現象をいう。結露は、シミやカビの原因になり、建物の居住性能を低下させる。

空気線図を用いて、空気の状態が温度20℃、相対湿度40％のとき、結露が生じる温度（**露点温度**）の求め方を図2・6に示す。絶対湿度が一定の状態で左方に変化（冷却）させると相対湿度100％の線と交差する。この交点の温度6℃が露点温度となる。

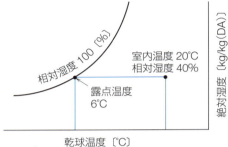

図2・6　空気線図上の露点温度

（1）表面結露　外壁でいうと、室外と室内の温度差が大きく、水分を含んだ高温側（室内）の空気が冷えた壁体に触れるとその表面に水滴が付くこと。暖房している部屋は、一般に室内が高温であるため、壁の室内側表面の温度が低いと結露する。

（2）内部結露　物体内（壁体内）に水滴が生じること。壁の内部でも室外側に近い部分は低温になっているため、壁の内部に水蒸気が流入すると結露する。

結露防止

結露を防止するには、以下のような方法がある。

❶ 風通しを良くし換気を行い（発生する水蒸気を室外に排出し、乾いた外気を取り入れる）、必要以上に水蒸気を発生させない（室内の湿度を低く）こと。
❷ **表面結露**は、壁体内は断熱材（グラスウールなど）を室内側に張る（壁の断熱を良くし、壁の室内側の表面温度を上げる）。ガラスは二重ガラスとし、熱貫流抵抗を大きくすること。
❸ **内部結露**は、壁の断熱材の室内側に防湿層（樹脂製フィルム）を設ける。
❹ 壁厚を増す（壁体の熱貫流抵抗を大きくする）。
❺ 室内側の表面を吸湿性の材料（木材、しっくいなど）とすること。
❻ 外気に面した壁に沿って、たんすなどの家具を置かないこと。
❼ 室内外の温度差を少なくする（内壁などの表面温度が室内温度より極端に低くならないように）。

> **ここが大事！**
> ＊空気を加熱すると乾球温度が上がる。空気を冷却すると乾球温度が下がる。
> ＊空気を加熱すると相対湿度は下がる。空気を冷却すると相対湿度は上がる。
> ＊空気を加湿すると相対湿度と絶対湿度は上がる。空気を減湿すると相対湿度と絶対湿度は下がる。
> ＊結露が生じる温度（乾球）を**露点温度**という。
> ＊**飽和水蒸気量**：ある温度の1m³の空気が含むことのできる水蒸気の最大量のことをいう。一定温度の空気に含まれる水蒸気量は限度があり、その限度を超えると水蒸気は凝縮して液体の水となり、それ以上の水蒸気を含むことができない。

2-3 室内に影響する熱（空調負荷）

夏に冷房を行った場合は，室内より室外のほうが温度は高いため，室外から室内に熱が侵入する（熱取得あるいは侵入熱という）．また，冬に暖房を行った場合は，室温より室外のほうが温度は低いため，室内から室外へ熱は逃げる（熱損失という）．このように室内の熱取得や熱損失のことをそれぞれ冷房負荷，暖房負荷といい，両者を合わせて空調負荷という．空調機器の選定にあたっては空調負荷を求めることが必要である．

熱の伝わり方

熱は温度の高いほうから低いほうへ移動する．熱の伝わり方には**伝導・対流・放射**の3つがあり，一般に物体間の伝熱は，それぞれ単独で起こることは少なく，互いに相乗している．

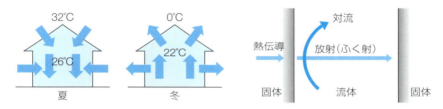

図 2・7　熱の伝わり方

（1）伝　導　固体内部において，高温部から低温部へ熱が伝わる現象をいう．
（2）対　流　温度による密度差によって熱が移動して伝わる現象をいう．対流は，空気や水のような媒体がないと生じない．
（3）放射（ふく射）　その物質が持つ熱エネルギーを電磁波（可視光線や赤外線など）という形態で周囲に放出する現象をいう．放射は媒体がなくても（真空中でも）生じる．

熱の移動

（1）熱伝導　熱が壁体の内部を伝わっていくことをいう．
（2）熱伝達　熱が空気から壁の表面へ伝わり，さらに壁の表面から空気へと伝わっていくことをいい，壁表面の空気の対流や放射の影響を受ける．
（3）熱貫流（熱通過）　壁の一方の空気から反対側の空気へ熱が伝わることをいい，熱伝達→熱伝導→熱伝達の三過程を経る伝熱をいう．
（4）熱伝導率 λ〔W/(m·K)〕　材料の熱の伝わりやすさを示す値で，長さ（厚さ）に関係する．熱伝導率の逆数を**熱伝導比抵抗**〔m·K/W〕といい，これに壁の厚さを掛けたものを**熱伝導抵抗**〔m²·K/W〕（熱抵抗）という．各種材料の熱伝導率を表2・2に示す．

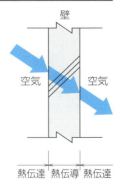

図 2・8　熱の移動

表2・2 各種材料の熱伝導率

材料	熱伝導率〔W/(m・K)〕	材料	熱伝導率〔W/(m・K)〕
石（花こう岩）	2.9	床用プラスチックタイル	0.19
コンクリート	1.4	合板	0.19
モルタル	1.3	木材（中量材）	0.17
フレキシブルボード	0.8	畳	0.15
板ガラス	0.78	フォームポリスチレン	0.045
土	0.67	グラスウール保温材	0.044

（5）**熱伝達率 α〔W/(m²・K)〕**　熱の伝達しやすさを示した値で，面積に関係する．熱伝達率の逆数を**熱伝達抵抗**〔m²・K/W〕という．

（6）**熱貫流率 K〔W/(m²・K)〕**　壁体の熱の流れやすさを示した値で，次式によって求められる．

$$K = \frac{1}{\frac{1}{\alpha_0} + \Sigma \frac{t}{\lambda} + C + \frac{1}{\alpha_i}}$$

ここに，α_0：外気側熱伝達率〔W/(m²・K)〕（＝23）
　　　　α_i：室内側熱伝達率〔W/(m²・K)〕（＝9）
　　　　t　：材料の厚さ〔m〕
　　　　λ　：材料の熱伝導率〔W/(m・K)〕
　　　　C　：非密閉中空層の熱抵抗（＝0.07(m²・K)/W）

材料が厚いほど t/λ は大きくなる．したがって，逆数である K は小さくなる．
熱貫流率の逆数を**熱貫流抵抗**〔m²・K/W〕という．

解いて理解！

右図において，①モルタル 30 mm，②コンクリート 130 mm，③モルタル 20 mm，④空気層，⑤フレキシブルボード 9 mm とした外壁の熱貫流率を求めよ．

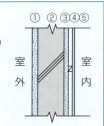

【解答】
$$K = \frac{1}{\frac{1}{23} + \frac{0.03}{1.3} + \frac{0.13}{1.4} + \frac{0.02}{1.3} + 0.07 + \frac{0.009}{0.8} + \frac{1}{9}}$$

$$= \frac{1}{0.043 + 0.023 + 0.093 + 0.015 + 0.07 + 0.011 + 0.111}$$

$$= \frac{1}{0.366} \fallingdotseq 2.73 \; [W/(m^2 \cdot K)]$$

> **解いて理解！**
>
> 右図において，①Pタイル3 mm，②モルタル30 mm，③コンクリート130 mm，④割栗150 mm，⑤土1000 mmとした土間の熱貫流率を求めよ．

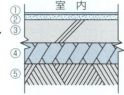

【解　答】
$$K = \cfrac{1}{\cfrac{1}{9} + \cfrac{0.003}{0.19} + \cfrac{0.03}{1.3} + \cfrac{0.13}{1.4} + \cfrac{0.15}{2.9} + \cfrac{1.0}{0.67}}$$

$$= \cfrac{1}{0.111 + 0.016 + 0.023 + 0.093 + 0.052 + 1.493}$$

$$= \cfrac{1}{1.788} \fallingdotseq 0.56 \; [W/(m^2 \cdot K)]$$

空調負荷

　冷房時にその負荷の熱量を取り除くための熱量を**冷房負荷**という．また，暖房時にその負荷の熱量にするための熱量を**暖房負荷**という．本来は冷房負荷および暖房負荷を求めなければならないが，本書では説明を省略する．

（1）　空気調和の負荷を分類すると，表2・3のようになる．

表2・3　空気調和負荷の分類

各種負荷の熱量	各負荷内容	顕熱	潜熱
室内取得熱量	外壁・屋根よりの熱量	○	
	窓ガラスよりの熱量（日射・伝導）	○	
	間仕切，床，天井よりの熱量	○	
	すき間風（窓サッシュ，扉）	○	○
	人体の発生熱量	○	○
	照明の発生熱量	○	
	器具（室内設備）の発生熱量	○	○
機器内取得熱量	送風機の動力熱	○	
新鮮空気負荷	外気負荷	○	○

（2）　建築家のために概算の冷房負荷と暖房負荷を示す．地域，時間帯，方位，用途，構造物，階，人数，新鮮空気量などにより異なってくるが，一般的な安全数値を示すことにする．

> 冷房負荷：170〜230 W/m²　　暖房負荷：230〜290 W/m²

2章 建築と空気（空気調和設備）

解いて理解！

100 m² の喫茶店の冷房負荷は，概算でどのくらいになるか求めよ．

【解　答】　100 m² × 230 W/m² ＝ 23000 W

ここが大事！

* 熱伝導率が大きくなるほど，伝わる熱量は大きくなる．
* 比重の大きい建築材料の熱伝導率は，一般に大きい値となる．
* コンクリートの熱伝導率は，同じ厚さの木材より大きい（コンクリートのほうが熱抵抗が小さい）．
* コンクリートの熱伝導率は，フォームポリスチレンの 30〜40 倍程度大きい．
* **壁体を通過する熱量の求め方**

　壁体の熱貫流率 K〔W/(m²・K)〕，壁体の面積 A〔m²〕，室内外の温度差 Δt〔K〕がわかると，壁体を通過する熱量 Q〔W〕を次式で求めることができる．

$$Q = K \cdot A \cdot \Delta t \;\text{〔W〕}$$

　冷房負荷計算のときに，外壁や屋根から侵入する熱量を計算する場合は，壁体が日射の影響を受けるため，室内外の温度差 Δt〔K〕ではなく，日射の影響を考慮した**実効温度差** Δt_e〔K〕を用いて計算する．

2-4 空気を調節する機器（空気調和機器）

　空気調和機器には，エアハンドリングユニット，ファンコイルユニット，パッケージ形空調機などがある．空気調和方式（2-5節参照）の分類で見ると，エアハンドリングユニットは空気方式，ファンコイルユニットは水方式や空気—水方式，パッケージ形空調機は冷媒方式で使用される．本節ではそれぞれの機器内部の構成について説明する．

エアハンドリングユニット

　エアハンドリングユニット（略してエアハン，ハンドリングともいう）は，送風機，エリミネータ（除滴板），加湿器，加熱コイル，冷却コイル（加熱と冷却を1つのコイルにしたものを冷温水コイルという），フィルタ，ドレンパン（露受皿）などで構成されている．

　（1）　エアハンドリングユニット（標準型）　　標準型には縦形と横形があり，耐候性に優れた屋

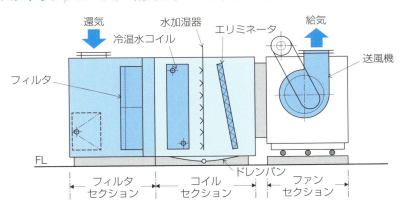

図2・9　エアハンドリングユニットの基本構成図（横形）

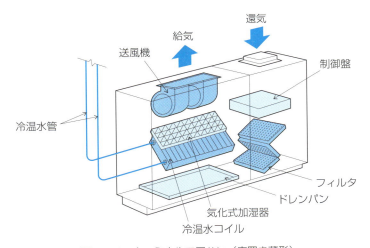

図2・10　ターミナルエアハン（床置き薄形）

外設置形もある．標準型（横形）の基本構成図を図2·9に示す．

（2） ターミナルエアハン　機械室が狭い場合や天井裏などの狭いスペースに設置できるようにコンパクト化されたもので，最近は多く使用されている．床置き薄形の構成図を図2·10に示す．

ファンコイルユニット

ファンコイルユニットは，送風機，冷温水コイル，フィルタ，ドレンパンからなっている．ファンコイルユニットは，冷水または温水を冷温水コイルに送ることで冷暖房ができ，加湿器が組み込めるものもある．形式としては床置形，天井カセット形，天井吊り形，埋込み形などがある．

（1） 床置形ファンコイルユニット　室内のペリメータ（外周部）の熱負荷の処理用として，ガラス窓の下に設けられる．ファンコイルユニットは冷房時に冷温水コイルに凝縮水（ドレン水）が生じるため，配管が3本（冷温水往管・還管・ドレン管）必要となる．床置き形の構成図を図2·11に示す．

※外観は非常に似ているが暖房しかできない放熱器でファンコンベクタがあるが，ファンコンベクタにはドレンパンがない．ファンコンベクタの構成図を図2·12に示す．

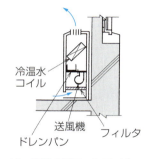

図2·11　床置き形ファンコイルユニットの構成図

図2·12　ファンコンベクタの構成図

（2） 天井カセット形ファンコイルユニット　本体部分（送風機・冷温水コイル・エアフィルタ・ドレンパンなど）が天井内に収まり，下部のパネル部分から冷風または温風が送られる．天井カセット形の構成図を図2·13に示す．なお，ドレン管の排水勾配がとれない場合にはドレンアップユニットを用いるとよい．ドレンアップユニットの例を図2·14に示す．

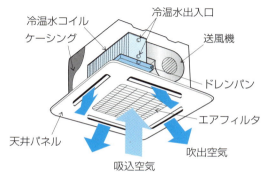

図2·13　天井カセット形ファンコイルユニットの構成

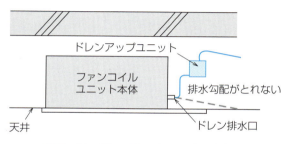

図2·14　ドレンアップユニットの取付例

パッケージ形空調機

パッケージ形空調機は，蒸気圧縮式冷凍サイクルにより冷房と暖房を行うもので，圧縮機，凝縮器，膨張弁，蒸発器などの機器と，送風機，エアフィルタ，ドレンパンなどからなっており，加湿器組込みも可能である．水冷式と空冷式に分けられる．

（1）水冷式パッケージ形空調機 凝縮器の熱を放熱するための冷却水が必要で，冷却塔（48ページ参照）から冷却水が送られ，冷房を行うものである．暖房をするには，温水コイルを組み込み，または電気ヒータとする．水冷式の構成を図2・15（a）に示す．

（2）空冷式パッケージ形空調機 屋外機と屋内機が一体になったものもあるが，一般に，屋外機と屋内機が分割され，冷媒配管で接続される．空冷式の基本構成図を図2・15（b）に示す．

水冷式は，暖房時に，イニシャルコスト（設備費），ランニングコスト（運転費・維持費等）がかかるため，冷暖房兼用の空冷式のヒートポンプパッケージ形空調機を使用することが多い．

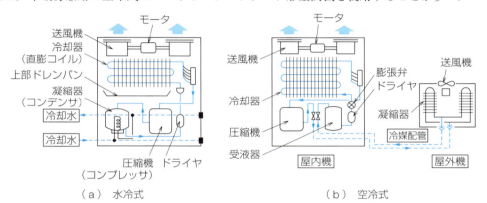

図2・15　パッケージ形ユニットの基本構成図

ここが大事！

パッケージ形空調機などに用いられている蒸気圧縮式冷凍サイクルを図2・16に示す。冷暖房兼用のヒートポンプ式は、四方弁を用いて冷媒の流れを変えて冷房または暖房を行う。

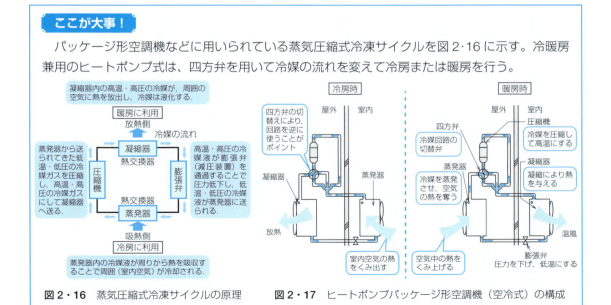

図2・16　蒸気圧縮式冷凍サイクルの原理　　図2・17　ヒートポンプパッケージ形空調機（空冷式）の構成

2-5 空気を調節する方法（空気調和方式）

　空気調和方式（空調方式）は，建物の空調負荷に応じた容量の空気調和機器と，建物内の空調系統の受け持つ区域（ゾーン）を定めて選定する．空調方式を区域ごとに定めることを空調ゾーニングという．

　空気調和設備（空調設備）の基本構成は，空気調和機，熱源設備，搬送設備，自動制御設備，換気設備，排煙設備からなる．ここでは，空気調和設備の基本的な構成と空気調和方式について説明する．

空気調和設備の基本構成

　空気調和設備（空気方式の単一ダクト方式）の基本構成の概要を図2・18に示す．

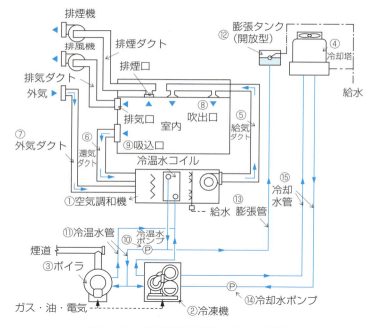

図2・18　空気調和設備の基本構成の概要

【空気調和機】
① 空気調和機：室の使用目的に適した空気を適切な状態に保つための装置．

【熱源設備】（44ページ参照）
② 冷凍機：冷たい水（冷水：5～7℃の水）をつくる装置．
③ ボイラ：温かい水（温水：55～60℃の水）をつくる装置．
④ 冷却塔：冷凍機内の凝縮器に送る冷却水（約32℃の水）をつくる装置．

【搬送設備】（52ページ参照）
⑤ 給気ダクト：空気調和機でつくられた冷風または温風を室内へ送る風道．
⑥ 還気ダクト：室内の空気を空気調和機へ返す風道．

⑦ 外気ダクト：外気からの新鮮空気を空気調和機へ送る風道．
⑧ 吹出口：給気ダクトからの冷風や温風を室内へ送り出すための器具．
⑨ 吸込口：室内の空気を空気調和機へ返すための器具．
⑩ 冷温水ポンプ：冷水や温水を循環させるポンプ．
⑪ 冷温水管：冷水または温水を循環させる配管．
⑫ 膨張タンク：循環水の温度変化による体積膨張（膨張水）を吸収する水槽．
⑬ 膨張管：膨張水を膨張タンクへ逃がす配管．
⑭ 冷却水ポンプ：冷却水を循環させるポンプ．
⑮ 冷却水管：冷却水を循環させる配管．

【自動制御設備】（87 ページ参照）
　室の使用目的に合うように空気調和機と適切にコントロールするための設備．検出部・調節部・操作部などで構成される．

【換気設備】（90 ページ参照）
　室内の空気を外気（新鮮空気）と入れ替えることで，室内の空気の浄化，酸素の供給，熱の除去，水蒸気の除去などを目的とする設備．

【排煙設備】（97 ページ参照）
　火災が発生した場合に，人命の安全確保を第一の目的としたもので，排煙と防煙を行うことで，在室者がいち早く避難できるよう設けられる設備．

空気調和方式

　空気調和方式は，熱源の位置と各室に熱を搬送する媒体（空気・水・冷媒）によって，図 2・19 のように分類される．ここでは，単一ダクト方式（CAV 方式，VAV 方式），床吹出し方式，ダクト併

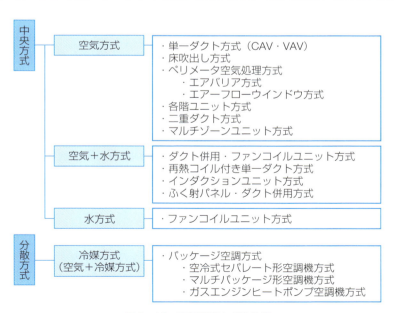

図 2・19　空気調和方式の分類

用・ファンコイルユニット方式，空冷式セパレート形空調機方式，マルチパッケージ形空調機方式について取り上げる．

定風量単一ダクト方式（CAV方式）

中央機械室に設置した空調機から1本の主ダクトを出し，分岐ダクトにより各室へと常時一定の風量を供給するもので，**低速ダクト方式**と**高速ダクト方式**がある（図2・20参照）．

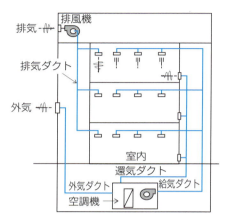

ダクトの内圧による区分
　低圧ダクト：500 Pa 以下，または −500 Pa 以内
　高圧ダクト1：500 Pa を超え 1000 Pa 以下，または −500 Pa を超え −1000 Pa 以内
　高圧ダクト2：1000 Pa を超え 2500 Pa 以下，または −1000 Pa を超え −2000 Pa 以内

図2・20　定風量（CAV）単一ダクト方式

【長所】
・空調機を主機械室に設置するため，運転・保守管理が容易である．
・効率の良いエアフィルタを設置しやすいので，室内空気の清浄度が高まる．
・中間期の外気冷房（冷暖房をしないで外気のみを送風する方法）も可能である．

【短所】
・室ごとの個別制御ができない．
・各室の負荷変動パターンが異なる建物では，温度・湿度のバランスが不均一となりやすい．
・大規模建築物では機械室面積やダクトスペースが大きくなる．

変風量単一ダクト方式（VAV方式）

この方式は基本的な構成は定風量方式と同じであるが，各室の負荷変動の大きい室やゾーン（区域）に，ダクトおよび吹出口にVAVユニット（変風量装置，図2・22）を取り付け，負荷変動に対して送風量を自動的に調節する方式である．

【長所】
・室（またはゾーン）ごとに個別制御ができる．
・低負荷時に送風量が減った場合，空調機の送風機を制御することにより動力の節減ができる．
・室の間仕切り変更や負荷変動に対して対応できる．
・負荷変動に対する応答が速い．

【短所】
・最少風量時に必要外気量が不足するので，対策をとらなければならない．

2-5 空気を調節する方法（空気調和方式）

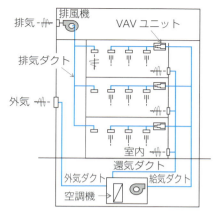

図2・21 変風量（VAV）単一ダクト方式

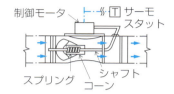

図2・22 変風量ユニット（絞り型）の例

・湿度制御ができない．
・VAVユニットの圧力損失，騒音に注意する．

床吹出し方式

OA機器の普及に伴い，配線の敷設の自由度を高めるために二重床とする場合が多くなった．空調機からの給気を二重床チャンバに送り込み，床に設けられた吹出しユニット（床吹出しユニット）から室内へ空調空気を送る．還気はダクトまたは天井チャンバにより空気調和機へ戻る．天井吹出し方式と比べた場合の長所および短所は次のとおりである．

【長所】
・室温と吹出し温度の差が小さくできるので快適度は高い．
・暖房時の居住域の上下の温度差が小さくなり快適である．
・吹出口の位置変更や増設が容易にできる．
・室内浮遊粉塵量が少なくなる．

【短所】
・冷房時の居住域における上下の温度差がつきやすい．
・吹出し温度差が小さくなる分，送風量が増えるため搬送動力が大きくなる．

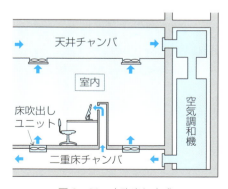

図2・23 床吹出し方式

ダクト併用・ファンコイルユニット方式

　この方式は,おもにホテルや高層ビルなどの大規模建築に使用されている．ホテルの客室は,個別制御しなければならないため,窓際または天井内にファンコイルユニットを設置し,図2・24のように外気調和機(外気のみを調和する空調機)により調整された新鮮な空気(一次空気・外気)を供給する方法をとる.

　高層ビルは,**ペリメータゾーン**(外部ゾーン)にファンコイルユニットを設置し,空気調和機器で調整された空気をダクトで**インテリアゾーン**(内部ゾーン)に送風するものである(図2・25).

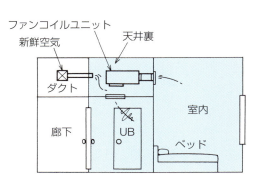

図2・24　ダクト併用・ファンコイルユニット方式（ホテル）

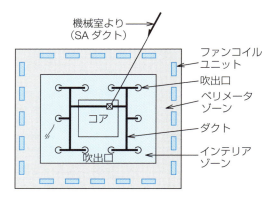

図2・25　ダクト併用・ファンコイルユニット方式（高層ビル）

【長所】
- 各室の制御（個別制御）が容易である．
- **ゾーニング**（区分け）ができ,維持管理費が軽減される．
- 全空気方式に比べて,ダクトスペースが小さくなる．

【短所】
- 全空気方式に比べ,室内空気の撹拌や浮遊粉塵の処理が行われにくい．
- ファンコイルユニットが分散されるため,保守管理がしにくい．
- 単一ダクト方式と比べ高価となる．

パッケージ空調方式

　パッケージ空調方式は,冷凍サイクルを形成する圧縮機・凝縮器・蒸発器・膨張弁などの機器と,送風機・エアフィルタ,自動制御機器などから構成される．それぞれ機器は屋内ユニットと屋外ユニットに組み込まれ製品(パッケージ)化されている．屋内ユニットと屋外ユニットは冷媒配管で接続する.

　冷房専用のものもあるが,冷暖房兼用タイプの空気熱源ヒートポンプ形式のタイプが,一般に多く採用されている．ここでは空冷式セパレート形空調機方式とマルチパッケージ形空調機方式について取り上げる．

（1）空冷式セパレート形空調機方式

　屋外ユニット1台に対し,屋内ユニット1台または2台を組み合わせたもので,圧縮機が屋外ユ

2-5 空気を調節する方法（空気調和方式）

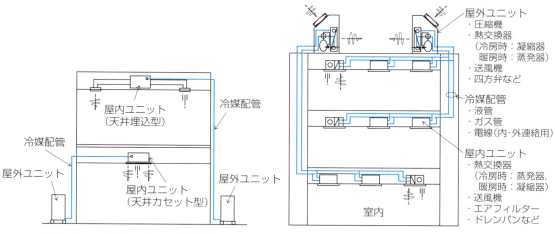

図2・26 空冷式セパレート形空調機方式　　図2・27 マルチパッケージ形空調機方式

ニット側にあるスプリット形のものをいう．

（2）マルチパッケージ形空調機方式

　基本構成は前述の空冷式セパレート形空調機方式と同様であるが，屋外ユニット1台に対して多数の屋内ユニットが接続されるタイプのものをいう．

　パッケージ空調方式の長所・短所は次のとおりである．

【長所】
・施工が容易である．
・ユニットごとに単独運転（個別制御）ができる．
・機械室の面積，パイプスペース，ダクトスペースが小さくできる．

【短所】
・基本的に加湿器は組み込めないため，別に対策が必要である．
・冷房時，吹出し温度が低くなるため，ドラフトが感じやすくなる．
・夏期に外気温度が高すぎたり，冬期に外気温度が低すぎると，冷暖房能力が低下する．

2-6 エネルギーをつくる機器(熱源機器)

空気調和機器に供給する温水（または蒸気）をつくる温熱源や冷水をつくる冷熱源のことを熱源機器といい，温熱源としてはボイラー，冷熱源としては冷凍機などが使用される．近年のビルは省エネ化が進む反面，夏期の冷房，冬期の暖房だけでなく，年間を通じての空調が通例となっている．また，コンピュータの普及により冬期でも冷房する場合も多くなり，年間を通じて冷熱源を供給する必要がある．ここでは，温水や蒸気をつくるボイラー，冷水をつくる冷凍機についての概要を説明する．

ボイラー

ボイラーは，水を火気などで加熱して，蒸気または温水をつくる装置で，ビルの暖房用や給湯用に利用される．大別すると蒸気をつくる蒸気ボイラーと，温水をつくる温水ボイラーがあり，大気圧を超える蒸気や温水をつくるボイラーは「ボイラー及び圧力容器安全規則」の適用を受ける．

ボイラーの種類と特徴

（1） 真空式温水発生機　真空式温水発生機の概要を図2・28に示す．暖房用，給湯用，暖房給湯兼用型がある．温水温度は100℃を超えないので，「ボイラー及び圧力容器安全規則」の適用は受けない．このボイラーのしくみは，大気圧以下の蒸気を発生させ，その蒸気を使って温水を間接加熱するものである．使用する温度は，温水温度で80℃以下，給湯温度で65℃以下である．主な特徴は次のとおり．

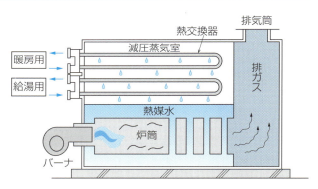

図2・28　真空式温水発生機の概略図

❶ 温水温度が100℃を超えないので，「ボイラー及び圧力容器安全規則」の適用を受けない．
❷ 排ガス温度が低いのでボイラーの効率が高い．
❸ 経年変化にともなう効率低下が少ない．
❹ 空だきの心配もなく安全性が高い．
❺ 部分負荷効率が高い．

（2） 鋳鉄ボイラー　鋳鉄ボイラーの概要を図2・29に示す．何枚かの鋳鉄製のセクションをニップルとボルトで接続した缶体となっている．蒸気用の場合，最高使用圧力は0.1 MPa以下，温水用の場合，最高使用水頭0.5 MPa（50 m）以下で，温水温度は120℃以下である．
主な特徴は次のとおり．

❶ セクションを増設することで能力アップが可能である．
❷ 分解ができるので搬入・搬出が容易である．
❸ 寿命が長く，安価である．

2-6 エネルギーをつくる機器（熱源機器）

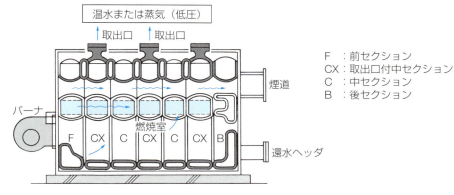

図2・29 鋳鉄ボイラーの概略図

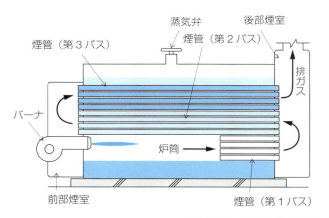

図2・30 炉筒煙管ボイラーの概略図

❹ 蒸気は低圧蒸気用なので，高圧蒸気用には使用できない．

（3） 炉筒煙管ボイラー 炉筒煙管ボイラーの概要を図2・30に示す．円筒形の缶胴の中に炉筒と多数の煙管を設けた胴だき式のボイラーで，炉筒が燃焼室となり，煙管内を燃焼ガスが流動することにより，ボイラー水が加熱される．ボイラー効率が高く，使用圧力は一般に0.2〜1.2 MPa程度で高圧蒸気が得られる．蒸気用の場合，最高使用圧力は1.6 MPa以下で温水温度は170℃以下である．

主な特徴は次のとおり．

❶ 保有水量が多く，負荷変動に対して安定性がある．
❷ 地域冷暖房など，大容量用として用いられる．

（4） 立てボイラー 一般的に小型温水ボイラーのことをいい，概要を図2・31に示す．最高使用水頭は0.1 MPa（10 m）以下である．蒸気用として最高使用圧力は0.05 MPa以下で，住宅の暖房や給湯用に使われる．

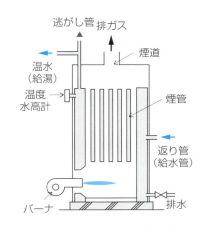

図2・31 立てボイラー（小型温水ボイラー）

ここが大事！

ボイラーは構造により図2・32のように分類され，簡易ボイラー以外は取扱いに法規制を受ける．
ボイラーの規模に応じて図2・33のように，ボイラーの取扱いには一定条件を満たした者（資格者）を選任し，従事する労働者を指揮，監督しなければならない．

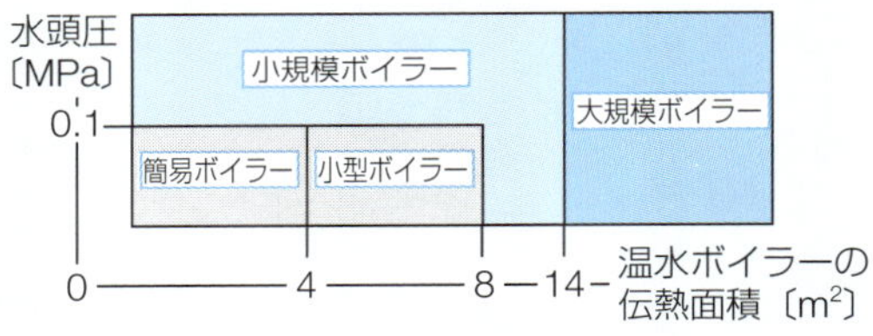

図2・32　ボイラーの法律上の分類

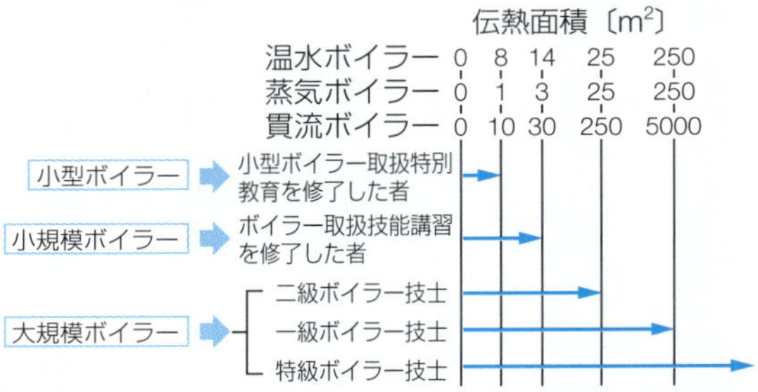

図2・33　ボイラー取扱作業主任者の選任

冷凍機

冷凍機は，空気調和機内の熱交換器（冷水コイルまたは冷温水コイル）に供給する冷水をつくる装置で，蒸気圧縮式冷凍サイクルを用いた蒸気圧縮式冷凍機と吸収式冷凍サイクルを用いた吸収式冷凍機がある．

蒸気圧縮式冷凍機

蒸気圧縮式冷凍機は，圧縮機の機構により往復動（レシプロ）式，遠心（ターボ）式，回転（ロータリー・スクリュー・スクロール）式に分類できる．蒸気圧縮式冷凍機は，圧縮機，凝縮器，膨張弁，蒸発器の4つの機器で構成されている．一般に，圧縮機の動力は電動機で，冷媒には「フッ化ハロゲン化水素（フロン系）」を使用する．

❶ **圧縮機**：蒸発器からの低圧・低温の冷媒ガスを，高圧・高温にして凝縮器へ送る．
❷ **凝縮器**：圧縮機より送られてきた高圧・高温の冷媒ガスの熱を放熱し，凝縮させ液化する．
❸ **膨張弁**：凝縮器からの冷媒液を減圧し（低温にし），冷媒液の流量を調節する．

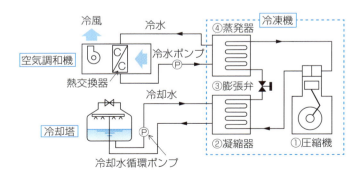

図2・34　蒸気圧縮式冷凍サイクル

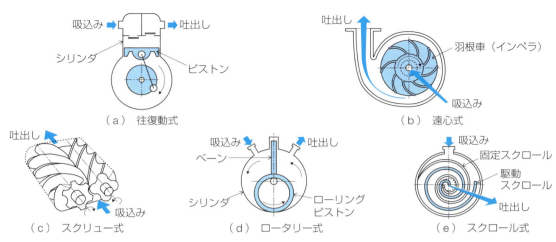

図 2・35 圧縮機のしくみ（概要）

❹ **蒸発器**：膨張弁からの低圧・低温の冷媒液を蒸発させ，冷水をつくる．

（1） 往復動式冷凍機（レシプロ冷凍機） チリングユニットなどの型として使用され，空調用としては，100〜120冷凍トン程度以下の中・小型冷凍機として用いられている．価格はほかに比べて安いが，振動騒音が大きい．

（2） 遠心式冷凍機（ターボ冷凍機） 空調用としては，100冷凍トン程度以上の大型冷凍機として用いられている．保守管理が容易である．

（3） 回転式冷凍機（ロータリー冷凍機，スクリュー冷凍機，スクロール冷凍機）

❶ **ロータリー冷凍機**：全密閉式の圧縮機を使って，ルームエアコンなどの小容量のものに用いられている．

❷ **スクリュー冷凍機**：ビル空気調和用の大・中容量の空気熱源ヒートポンプチラーによく使われている．容量の制御も簡単で，負荷変動の対応にも性能は安定している．

❸ **スクロール冷凍機**：ルームエアコンとして小容量のものが多い．

吸収式冷凍機

吸収式冷凍機のエネルギー源は，動力の代わりにガスや蒸気，高温水を使用し，冷媒には水，吸収液には臭化リチウム（リチウムブロマイド）水溶液を用いている．

吸収式冷凍機は，蒸発器，吸収器，再生器，凝縮器の4つの部分で構成されている．

❶ **蒸発器**：凝縮器で液化した冷媒（水）を真空状態とし，蒸発に要する潜熱を奪い冷水をつくる．

❷ **吸収器**：蒸発器で蒸発した水蒸気を吸収液に吸収させ，吸収器を真空状態とする．そのときに熱を発するので，冷却水によって冷却する．

❸ **再生器**：吸収器から送られてくる濃度の低い吸収液を蒸気などで加熱して，吸収液中の水を分離させて水蒸気として凝縮器に送り，吸収器に濃度が高くなった吸収液を送る．

❹ **凝縮器**：再生器で分離した水蒸気が冷却水によって冷却され，液化されたものを蒸発器に送る．

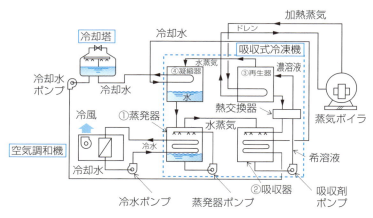

図2・36　吸収式冷凍サイクル

（1）　蒸気だき二重効用吸収式冷凍機

吸収式冷凍機には単効用と二重効用があり，二重効用吸収式冷凍機は高温再生器で発生した水蒸気で低温再生器を加熱する構造となっている．再生器内の加熱には高圧蒸気が必要になるので，別にボイラなどの機器が必要となる．おもな特徴は次のとおり．

❶ 単効用より蒸気消費量が50〜60％程度少なくなる．
❷ 圧縮式冷凍機に比べて動力部（圧縮機，電動機）がなく，振動・騒音が小さい．
❸ 同じ容量の圧縮式冷凍機に比べ，電力量も少ない．
❹ 同じ容量の圧縮式冷凍機に比べ，冷却塔が大きくなる．

（2）　直だき吸収冷温水機

二重効用で，エネルギー源にガス・灯油などを用い，バーナの燃焼で再生器内を加熱する方式で，夏期は冷水，冬期は温水を取り出すことができる．主な特徴は前述と同様のほかに次のことがあげられる．

❶ 1台で冷水または温水をつくることができる（冷・温水が同時につくれる機種もある）．
❷ 高温再生器内の圧力が大気圧以下のため，ボイラ関係法規の適用は受けない．

ヒートポンプ式冷凍機

冷凍機は，蒸発器で空気や水から熱を吸収して冷房すると同時に，凝縮器では空気や水に熱を放出している．ヒートポンプは，この凝縮器が行う加熱作用を暖房や給湯に利用するものである．37ページを参照のこと．

冷却塔（クーリングタワー）

冷却塔は，冷凍機の凝縮器に使用する冷却水を冷却する（冷凍機によって奪われた熱を放出する）ものである．原理は，冷却水の一部を蒸発させることにより，その蒸発潜熱によって冷却水の温度を下げる．冷却塔には，開放形冷却塔と密閉形冷却塔があり，開放形には向流形冷却塔と直交流形冷却塔がある．一般に，冷却塔は風通しの良い屋外（建物の屋上など）に設置される．

冷却塔の種類と特徴

(1) 開放形冷却塔

開放形冷却塔は，冷却塔内に一定の風速が得られるよう送風機が設けられている．開放形の向流形と直交流形の概要を図2・37に示す．開放形の特徴は次のとおり（密閉形と比較した場合）．

1. 冷却効率がよく，安定している．
2. 小形軽量で，安価で，多く使用されている．
3. 有害ガスや塵埃などの多い場所の設置を避ける．
4. 騒音の発生に注意する．

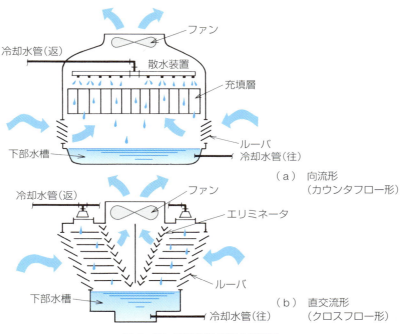

図2・37 開放形冷却塔の概略図

a) 向流形（カウンタフロー形）冷却塔 塔体の下部から空気を取り入れ，冷却水を上部から滴下させて向流に接触する構造となっている．熱効率がよく，標準的な形式のものである．丸型が多く，据付面積は小さいが高さがある．

b) 直交流形（クロスフロー形）冷却塔 塔体の側面から空気を取り入れ，水平に空気が流れ込むようにし，冷却水を上部から滴下させて水滴と空気流が直角に接触する構造となっている．角型が多く，据付面積は大きいが高さは低い．

(2) 密閉形冷却塔

密閉形冷却塔の概要を図2・38に示す．形状は角形が多く，開放形冷却塔と違い散水ポンプがあり，散水が冷却塔内を循環している．冷却水系統が完全に密閉されているので，大気中の亜硫酸ガス，窒素酸化物などの有害物質が冷却水中に入らない．

1. 空調機や配管に腐食やスライム，スケールなどの問題がなくなる．
2. 据付面積が開放式に比べて3～4倍となる．

2章 建築と空気（空気調和設備）

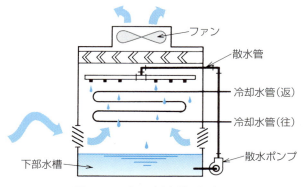

図2・38 密閉形冷却塔の概略図

ここが大事！

*ボイラ・冷凍機の容量

（1） 熱量の単位　国際単位系（SI）単位では，熱量やエネルギーの単位はJ（ジュール）を用いることになっている．

$$1\text{ cal} = 4.186\text{ J}(\fallingdotseq 4.2\text{ J})\quad または，1\text{ J} \fallingdotseq 0.24\text{ cal}$$

また，W（ワット）・kW（キロワット）は時間当たりの熱量を示すもので，

$$1\text{ W} = 1\text{ J/s}\quad または，1\text{ J} = 1\text{ W}\cdot\text{s}$$

となり，実用的には次の関係を覚えておくとよい．

$$1\text{ W}\cdot\text{s} = 1\text{ J}$$
$$1\text{ kW}\cdot\text{h} = 1\text{ kJ}\times 3600 = 3600\text{ kJ} = 3.6\text{ MJ}$$
$$(3600\text{ kJ} = 860\text{ kcal})$$

（2） ボイラの容量　ボイラ出力には常用出力と定格出力があり，ボイラの容量は，定格出力で表す．

① **常用出力**：配管のロスを考慮したもので，暖房負荷や給湯負荷の合計に1.1～1.2倍（配管の熱損失分）を掛けたものである．

② **定格出力**：最大連続負荷における毎時出力によって表したもので，常用出力にたき始め負荷（ウォーミングアップ）分として1.2～1.3倍を掛けたものである．

常用出力と定格出力の求め方を次式に示す．

$$常用出力 = (q_A + q_B)\cdot k_1$$
$$定格出力 = (q_A + q_B)\cdot k_1 \cdot k_2$$

ここに，q_A：暖房時の全負荷（暖房能力）〔W〕
　　　　q_B：給湯負荷〔W〕
　　　　k_1：配管の熱損失に対する補正係数（1.1～1.2）
　　　　k_2：たき始め負荷係数（1.2～1.3）

蒸気ボイラの容量（定格出力）は，実際蒸発量〔kg/h〕で求める．

$$換算蒸発量 = \frac{実際蒸発量\times(h_2 - h_1)}{2256\text{ kJ/kg}}$$

ここに，h_1：給水の比エンタルピ〔kJ/g〕
h_2：発生蒸気の比エンタルピ〔kJ/g〕

したがって，

$$実際蒸発量〔kg/h〕=\frac{1000×2256}{3600}=換算蒸発量〔kg/h〕$$

となる．

（3） 冷凍機の容量　冷凍機を選定する場合，前もってする作業には次のようなものがある．

【圧縮式の場合】
① 冷房負荷〔W〕の算出
② 冷却水入口と出口温度〔℃〕と水量〔L/min〕の決定
③ 冷水入口と出口温度〔℃〕と水量〔L/min〕の決定
④ 冷凍機の種類
⑤ 電源の種類（交流・直流，電圧，周波数）の決定

【吸収式の場合】
上記①～⑤のほかに
⑥ 熱源（蒸気・温水）の種類と圧力・温度・流量の決定

※冷凍機容量は kW で表されるが，冷凍トンで表す場合がある．1 冷凍トンとは，冷凍機を 24 時間運転して，1 トンの重さの氷をつくる能力を表示したものである．

1 日本冷凍トン＝3.861 kW（13900 kJ/h）　　**1 米冷凍トン**＝3.516 kW（12658 kJ/h）

＊冷却塔関係用語

① **冷却レンジ**：冷却塔により水が冷却される温度差をいい，出入口水温の差（5～7℃程度）をいう．
② **アプローチ**：冷却塔から出る冷やされた水の温度と外気空気の湿球温度との差（5℃程度）をいう．冷却塔の出口水温は，外気の湿球温度より低くすることはできない．冷却レンジとアプローチの関係を図 2・39 に示す．

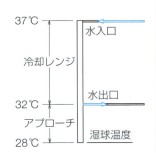

図 2・39　冷却レンジとアプローチの関係

③ **キャリオーバ**：冷却塔において，霧状で落下する途中，蒸発しないで失われる少量の水をいう．これは，排出する空気の中に混入して出ていく．また，これは蒸発により失われる水とは違った意味の損失水である．
④ **ブローダウン**：水の中の化学成分の凝固を防ぐため，循環水の一部を少しずつ絶えず捨てるか，または一時的に排水する．冷却塔中のブローダウンの目的は，固形物の付着を少なくし，水のスケールの形成を防ぐことである．ブローダウン量は 0.3% くらいとする．
⑤ **メークアップ**：蒸発，キャリオーバ，ブローダウンおよび漏れなどによって失う水を補給しなければならない水量である．補給水量は，冷却循環水量の 1.5～2% くらいとする．

2-7 空気を送る設備（送風機・ダクト設備）

空気調和機でつくられた空気の供給や新鮮空気の導入には，空気を目的の位置まで運ぶ管路（ダクト・風道）と，空気に圧力を加えて送る機器（送風機）が必要である．その他にも，室内に空気を吹き出す吹出口や空気を吸い込む吸込口，空気の量（風量）を調節するダンパなどの機材が取り付けられる．これらを送風系といい，送風系を計画するにあたっては，効率的・経済的になるようにする．

送風機

送風機の種類と特性

送風機の機構で大別すると，軸流式と遠心式になる．一般に建築設備の分野で使用されている送風機には次のようなものがある．

（1） 軸流式送風機

軸流送風機は，空気が軸方向から入り軸方向に流れるもので，次のようなものがある．

❶ **換気扇**：一般的には，家庭の台所で用いられ，軸流送風機のもっとも簡単なものである（図2・40）．羽根の直径は10〜40 cm くらいで，静圧は0〜30 Pa 程度である．

❷ **圧力扇**：有圧換気扇とも呼ばれ，換気扇に似た型をしている（図2・41）．羽根の直径は20〜50 cm くらいで，主に工場や厨房の排気に用いられる．

❸ **軸流送風機**：羽根の直径が50 cm〜3 m くらいで，モータを内部に取り付けた直結形と，ケーシングの外に取り付けたベルト駆動のものがある（図2・42）．静圧は200〜600 Pa 程度で，発生騒音は，同じ能力の遠心式と比べて大きい．

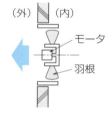

図2・40　換気扇

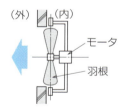

図2・41　圧力扇

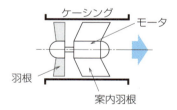

図2・42　軸流送風機

（2） 遠心式送風機

遠心式送風機は，空気が羽根車の中を軸方向から入り，半径方向に流れるもので，次のようなものがある．

❶ **多翼送風機**：図2・43に多翼送風機の構造を示す．シロッコファン，マルチブレードファンとも呼ばれ，建築の空調や換気設備の送風機にもっとも広く用いられる．静圧は100〜1000 Pa 程度で，送風機のサイズを表現するのに羽根車の直径を150 mm で割った値で，#3（3番）とか4・1/2（4番半）と呼んで区別している．また，片吸込形と両吸込形があって，設置場所によってどちらかを選定する．

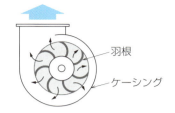

図2・43　多翼送風機　　　　図2・44　ターボ送風機　　　　図2・45　リミットロード送風機

❷ **ターボ送風機**：図2・44にターボ送風機の構造を示す．幅広の後向きの羽根が付いていて，効率はほかに比べて高く，高速ダクト方式の空調機に使われ，静圧は1250～3000 Pa程度である．

❸ **リミットロード送風機**：多翼送風機とターボ送風機を組み合せたもので，多翼形よりも羽根の数は少ない（図2・45）．静圧は500～2000 Pa程度で，片吸込形と両吸込形がある．

送風機性能曲線

送風機性能曲線は，送風機の送風試験で得られたデータをグラフ化したもので，縦軸に回転数〔rpm〕，圧力〔Pa〕・軸動力〔kW〕・効率〔%〕，横軸に風量〔m³/min〕を示す．多翼送風機と軸流送風機の性能曲線の例を図2・46に示す．

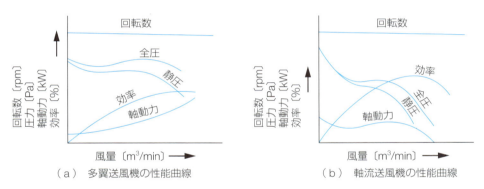

(a) 多翼送風機の性能曲線　　　(b) 軸流送風機の性能曲線

図2・46　送風機性能曲線

ダクト設備

空気調和機でつくられた空気を，各室まで供給・循環させるために空気を導く管をダクト（風道）という．空気調和機から各室へ供給する空気を導くダクトを給気ダクトといい，各室から空気調和機へ戻る空気を導くダクトを還気ダクトという．そのほかに，外気ダクト，排気ダクト，排煙ダクトなどがある．また，ダクト形状から分類すると円形および長方形（矩形）に，ダクト内圧から分類すると低圧，高圧1および高圧2に分類され，ダクトの使用材料には，亜鉛鉄板製，鋼板製，ステンレス鋼板製，塩化ビニル製，グラスファイバーボード製，コンクリート製などがある．

ダクトの種類と特性

（1）**円形ダクト**　　空調設備で多く用いられている円形ダクトには，スパイラルダクトやフレ

2章 建築と空気（空気調和設備）

（a） スパイラルダクト

（b） フレキシブルダクト

図2・47 円形ダクトの種類

キシブルダクトなどがある．ダクト内に冷風や温風を通す場合は，ダクトに保温材を施すか，保温材でつくられたグラスウールダクトを使用する．図2・47に円形ダクトの種類を示す．

（2）長方形ダクト　　長方形ダクト（矩形ダクト）の概略を図2・48に示す．ダクトの材料には亜鉛鉄板やステンレス鋼板などを使用する．板材を切り出し，板材同士の継目は，図2・49のようなはぜ折り工法により製作される．また，ダクトの補強方法にはダイヤモンドブレーキ，補強リブなどがあり，ダクト同士の接続方法には，アングルフランジ工法やコーナーボルト工法があり，コーナーボルト工法には共板フランジ工法とスライドオンフランジ工法がある（図2・50参照）．

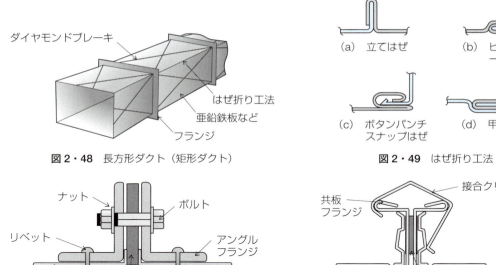

図2・48　長方形ダクト（矩形ダクト）

図2・49　はぜ折り工法

（a）アングルフランジ工法

（b）コーナーボルト工法（共板フランジ工法）

図2・50　ダクトの接続方法

ダクト施工の注意点

❶ ダクトの**アスペクト比**（長辺と短辺の比）は4以下とする．
❷ 急拡大は15°以下，急縮小は30°以下とする．

2-7 空気を送る設備（送風機・ダクト設備）

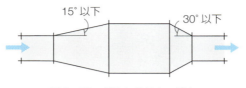

図 2・51　ダクトの拡大・縮小

❸ 急な曲がりを避けること．
- 矩形ダクトのエルボの内側半径は，風道の半径方向の幅の 1/2 以上とする．
- 丸ダクトの風道曲部の曲率半径は，風道直径の 1.5 倍以上とする．
- 現場での納まりの関係で小さい曲率で曲げるときは，案内羽根（**ガイドベーン**）を取り付けること．

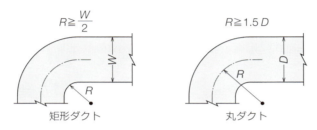

図 2・52　ダクトのわん曲部

ダクト設計法

一般的にダクト設備を設計するときの設計プロセスを図 2・53 に示す．

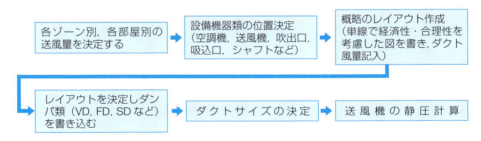

図 2・53　ダクト設備の設計プロセス

（1）送風量の算定　空気にて冷暖房を行う場合，送風する空気の量は次式で示される．

【冷房のとき】

$$Q = \frac{3600 \cdot q_s}{C_p \cdot \gamma (t_r - t_s)} = \frac{q_s}{0.33(t_r - t_s)}$$

【暖房のとき】

$$Q = \frac{3600 \cdot q_s}{C_p \cdot \gamma (t_s - t_r)} = \frac{q_s}{0.33(t_s - t_r)}$$

ここに，Q：送風量〔m³/h〕
　　　　q_s：室内顕熱負荷〔kW〕

C_p：空気の比熱＝1.006〔kJ/(kg・K)〕
γ：空気の比重量＝1.2〔kg/m³〕
t_r：室内温度〔℃〕
t_s：室内吹出し送風温度〔℃〕
1 kW＝1 kJ/s＝3600 kJ/h

一般的に，冷房時 (t_r-t_s)＝10～15℃，暖房時 (t_s-t_r)＝5～15℃

送風量は，冷房時と暖房時のどちらか大きいほうを（普通は冷房時の送風量が大きくなる）必要送風量とする（換気回数からのチェックも必要）．

（2）ダクト寸法の決定

❶ 低圧ダクト（ダクト内±500 Pa 以内）が多く用いられ，ダクト寸法は，定圧法（等摩擦損失法）で行われ，高圧ダクトは排煙用ダクトなどに用いられる．

❷ 空調機や送風機より，吹出口・吸込口までのダクトルートを設定し，各ダクト部分の通過風量を定める．

❸ 単位長さ当たりの摩擦損失は，低速ダクトの場合 0.8～1.5 Pa/m．一般には 1.0 Pa/m が用いられる．

❹ ダクトの材質が亜鉛鉄板以外の場合（コンクリートなど），補正が必要となる．

（3）ダクトの概算抵抗計算

装置全体の概算抵抗計算は，下記による．

$$p=p_a+p_b+p_c+p_d$$
$$p_a=L \cdot R \cdot K$$

ここに，p：装置全体の圧力損失〔Pa〕
p_a：ダクト系統の圧力損失〔Pa〕
p_b：空調機器の機内抵抗〔Pa〕
p_c：付属器具類(吹出口，吸込口，ダンパなど)の圧力損失〔Pa〕
p_d：消音エルボ，消音ボックスなどの圧力損失〔Pa〕
K：局部抵抗
L：ダクト長さ〔m〕
（給気ダクト末端吹出口までの長さおよび還気ダクト末端吸込口までの長さ）
注）給気ダクトと還気ダクトは分けて計算する
R：ダクトの単位長さ当たりの摩擦損失：1.0～1.2 Pa/m

概略計算をする場合には，ダクト計画が完了した時点で，必ず詳細計算をしチェックすること．また，以下の概算値は一般的な数値を示したもので，概略計算後はそれぞれをメーカなどに確認のこと．

・局部抵抗：K（1.5～2.0）
・空調機の機内抵抗：400 Pa（コイル 150 Pa，エリミネータ 50 Pa，フィルタ 200 Pa としたとき）
・吹出口・吸込口の抵抗：30～50 Pa/個
・ダンパ類の抵抗：20～40 Pa/個
・消音エルボの抵抗：30～50 Pa/個（グラスウール内貼）

吹出口・吸込口

吹出口・吸込口を決定する場合，総合的な判断が必要となる．判断の要素としては，たとえば，部屋の用途，広さ，吹出口・吸込口の特性，気流分布，許容騒音，デザイン，価格などがあげられる．

（1） 格子型吹出口　　格子型吹出口には，ユニバーサル型（図2・54）とグリル型がある．

❶ ユニバーサル型は，壁面吹出口に用いられ，羽根を縦方向（V），横方向（H），縦横方向（VH，HV）に格子状に取り付けたもので，羽根が可動式となっている．

❷ グリル型は羽根が固定されており，一般には吸込用に使われる．

（2） スロット（ラインディフューザ）型吹出口（ブリーズライン型）（図2・55）

❶ 縦横の比が大きい吹出口で，線状の型をしている．

❷ ペリメータの窓面に近い天井やインテリアの天井に取り付けられ，デザインの点で好まれる．

❸ 線状の吹出気流は，ベーンによって風向の調節ができる．

（3） アネモスタット型吹出口　　複数枚のコーンによって放射状に空気を吹き出すため，空気分布がもっとも良い吹出口である．天井の低い室に適する．アネモ型吹出口の気流方向を図2・56に示す．

（4） ノズル型吹出口（図2・57）

❶ 発生騒音が比較的小さいので，放送局のスタジオなどに用いられる．

❷ 到達距離が出るので，大会議室，大ホールなどの大空間の空調に用いられる．

（5） パン型吹出口　　下部にパンを取り付け，気流が板に当たって水平に空気が吹き出す型になっている．全方向に一様な吹出しとなるため，風量の調節が難しい（図2・58）．

（6） スポット型吹出口（パンカルーバ型）　　球面の一部にノズル型の吹出口を設け，首が振れるようになっていて気流を任意の方向に吹き出すことができる（図2・59）．

（7） 格子型吸込口（ユニバーサル型・グリル型）　　上記，格子型吹出口の項を参照．

（8） 多孔板型吸込口　　自由面積比が小さいので，吸込面積が大きくなる．

（9） マッシュルーム型吸込口　　劇場の客座席の床面に取り付けて，空調のリターン空気吸込用として用いる．

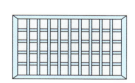

図2・54　ユニバーサル型

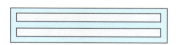

図2・55　スロット型

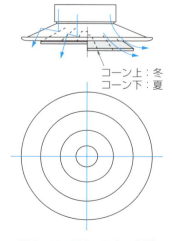

図2・56　アネモスタット型

図2・57　ノズル型

図2・58　パン型吹出口

図2・59　スポット型吹出口

ダンパ

ダクト内を通過する空気の量を調節または遮断するために用いる可動板をダンパという．ダンパの可動板の機構による種類を図2·60に示す．また，使用目的により，風量調節ダンパ，モータダンパ，チャッキダンパ，防火ダンパ，煙感知器連動式ダンパなどがある．

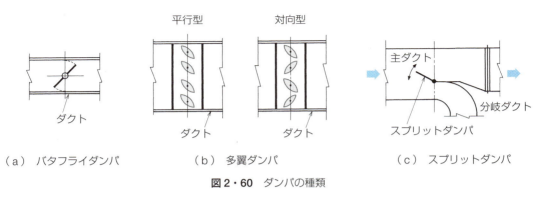

(a) バタフライダンパ　　(b) 多翼ダンパ　　(c) スプリットダンパ

図2・60　ダンパの種類

使用目的によるダンパの種類

（1）風量調整ダンパ（VD）
1. 手動にて操作する．
2. 空調機，送風機のダクト吹出側または吸込側に取り付けて，風量や静圧の調整を行う．
3. 分岐ダクトやダクトの系統別に取り付けて，風量の切換えや調整を行う．

（2）モータダンパ（MD）
1. 電気や空気にて操作する．
2. 風量を自動的に切り換えたり調整をしたりする．
3. 逆流防止に用いる．

（3）チャッキダンパ（CD）
1. 自力式で操作する．
2. 逆流防止に用いる．
3. 一方通行の気流にて開き，逆方向へは開かない．

（4）防火ダンパ（FD）
1. 温度ヒューズを用いて，ダクト内の空気温度が72℃以上になるとヒューズが溶けて，自動的にダンパは閉となる．
2. 火がダクトを通ってほかの部屋に入るのを防ぐためのもので，防火区画を貫通する箇所に取り付ける．

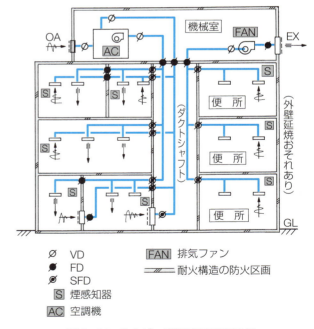

図2・61　防火ダンパ類の設置位置の例

❸ 外壁で延焼のおそれのある部分の開口部に取り付ける．
❹ 厨房の排気ダクトで火を使用するフードに接続する箇所に取り付ける．120℃のヒューズで標準融解温度とする．
❺ HFD（排煙用防火ダンパ）は，280℃のヒューズで標準融解温度とする．

（5） 煙感知器連動式ダンパの種類

❶ SD（防煙ダンパ）は，煙感知器からの信号でダンパを閉じ，ダンパは電気や空気にて操作する．
❷ ダクトが2以上の階にわたって防火区画を貫通する箇所で，竪穴区画を貫通するダクトの部分に取り付ける．
❸ SFD（防煙防火ダンパ）は，FDを兼用する場合に用いる．

> **ここが大事！**
>
> **＊送風機廻りのダクト施工**
>
>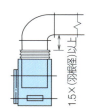
>
> （a） 良い場合　　（b） 逆回転の場合　　（c） 横に曲げる場合
>
> **図2・62　送風機廻りのダクト施工**
>
> **＊アネモ型吹出口のダクト接続**
>
>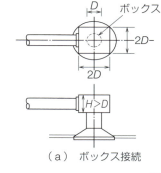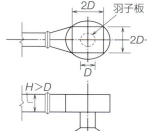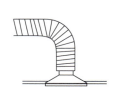
>
> （a） ボックス接続　　（b） 羽子板接続　　（c） フレキシブルダクト接続
>
> **図2・63　アネモ型吹出口のダクト接続**

2章 建築と空気（空気調和設備）

ここが大事！

＊給排気用外壁ガラリ・ドアガラリ面積の算定

$$A = \frac{Q}{FA \cdot V \cdot 3600}$$

ここに，A ：ガラリ面積〔m²〕
　　　　Q ：給気（排気）量〔m³/h〕
　　　　FA ：有効開口率（フリーエリア）
　　　　　　（参考：外壁ガラリ 35％・ドアガラリ 50％・グリル 70％・多孔板 50％）
　　　　V ：ガラリの吸込面風速〔m/s〕
　　　　　　（参考：ドアガラリ，内壁ガラリ，アンダーカット 1.0〜1.5
　　　　　　　・排気ガラリ 2.5〜4.5・外気取入ガラリ 2.0〜4.0）

解いて理解！

空調機への外気取入量が 11000 m³/h のとき，外壁ガラリの面積を求めよ．ただし，有効開口率を 35％，ガラリの吸込面風速を 2.5 m/s とする．

【解　答】 $A = \dfrac{11000}{0.35 \times 2.5 \times 3600} \fallingdotseq 3.5$ m²

2-8 水などを送る設備（ポンプ・配管設備）

空気調和設備において，冷凍機やボイラなどの熱源を用いた設備では，冷水や温水および冷却水などを循環させるために，ポンプと配管設備が必要になる．また，パッケージ形空調設備などでは，屋内機と屋外機を冷媒が循環する冷媒配管が必要となる．空調設備で使用される配管材としては，冷温水管や冷却水管には配管用炭素鋼鋼管が用いられていたが，最近では塩ビライニング鋼管やステンレス鋼管などの使用が増加傾向にある．冷媒配管には銅管が使用されている．

ポンプ

ポンプは，液体（水や油）を強制的に流動させるために用いられるもので，空気調和設備では，冷水ポンプ，温水ポンプ（冷温水兼用の場合は冷温水ポンプ），冷却水ポンプなどが使用される．

ポンプの種類と特徴

ポンプの種類を形式により大別すると，ターボ形，容積形，特殊形に分類できる．ターボ形には遠心ポンプ，斜流ポンプ，軸流ポンプがあり，空気調和設備では遠心ポンプが多く用いられる．遠心ポンプには，うず巻ポンプ（ボリュートポンプ）とディフューザポンプ（タービンポンプ）がある．遠心ポンプの構造を図2・64に示す．

（a）うず巻ポンプ（ボリュートポンプ）　　（b）ディフューザポンプ（タービンポンプ）

図2・64　遠心ポンプの構造図

（1）うず巻ポンプ　構造は図2・64（a）に示したように，羽根車の回転によって水に圧力と速度エネルギーを与え，その速度エネルギーをケーシング内で効率よく圧力エネルギーに変換したものである．

（2）ディフューザポンプ　構造は図2・64（b）に示したように，うず巻ポンプとほとんど同じであるが，固定案内羽根を設けることにより，水の速度エネルギーを圧力エネルギーに変換しやすくし，ポンプ効率を高くしたものである．

ポンプの2台運転（直列運転と並列運転）

❶ 同一仕様のポンプを2台直列運転すると，同一水量では揚程も2倍となる．特性曲線は図2・65（a）の曲線 H_2 のようになる．それぞれのポンプの揚程は $h_2/2$ となるので，単独で運転した

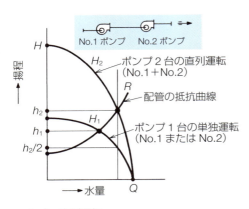
（a） 直列運転
※同一水量では，揚程が2倍

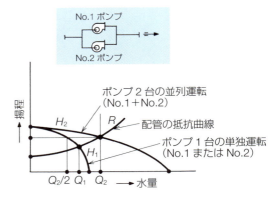
（b） 並列運転
※同一揚程では，水量が2倍

図2・65 ポンプの特性曲線

ときの揚程 h_1 より小さい．

❷ 同じ仕様のポンプを並列運転すると，同一揚程に対する水量は2倍となる．特性曲線は図2・65（b）の曲線 H_2 のようになる．それぞれのポンプの水量は $Q_2/2$ となるので，単独で運転したときの水量 Q_1 よりも少ない．

配管の設計

空気調和設備で使われている液体には，次のようなものがある．
❶ 冷水，温水，冷却水，高温水
❷ 蒸気
❸ 冷媒（液，ガス）

これらの液体を運ぶために配管が使われる．配管の設計は，流体の種類によって異なってくるが，図2・66に示す順序で行うことができる．

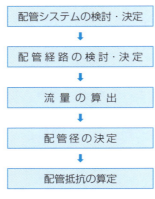

図2・66 配管設計

通水方式（配管方式）

（1） 循環方式

❶ **開放式システム**：図2・67（a）に示す配管方法で，冷却塔の冷却水管や蓄熱槽の冷水のように配管の端末が大気に開放された水槽に接続されているシステムである．大気に開放されているため，水中の溶存酸素が多くなって配管の腐食が起こりやすい．

❷ **密閉式システム**：図2・67（b）に示す配管方法で，循環水が大気に開放されていないシステムである．開放式に比べて，ポンプの揚程が小さくてすむ．

（2） 還水方式

❶ **直接リターンシステム**：図2・68（a）に示す配管方法で，冷水の往管・返管とも最短距離を通って循環するので，流量のバラツキは，各機器の調整弁によって調整するものである．

❷ **リバースリターンシステム**：図2・68（b）に示す配管方法で，各機器への冷水（温水）の流量を一定にするために往管，返管の長さの和をほぼ等しくし，配管の各機器への配管抵抗を等しくなるように考慮したものである．

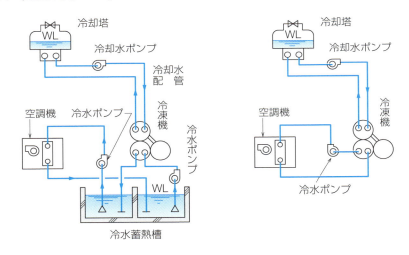

（a）開放式システム　　（b）密閉式システム

図2・67　開放式回路と密閉式回路

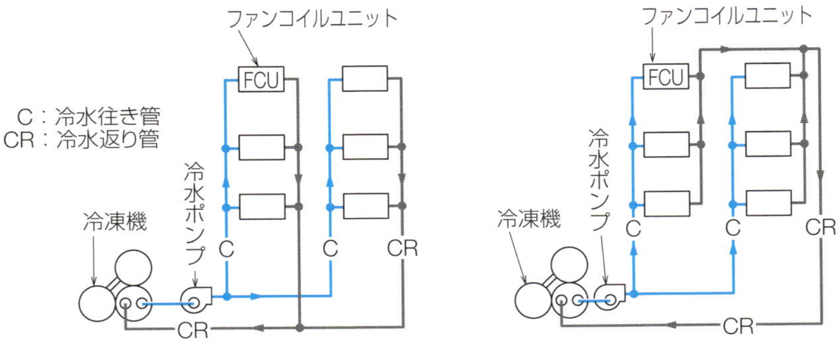

（a）直接リターンシステム　　（b）リバースリターンシステム

図2・68　返り管（リターン方式）

冷水・温水流量の算出

各機器への冷水や温水の量は，次式で求められる．

$$Q = \frac{60\,H}{c \cdot \rho \cdot \Delta t} \times 10^3$$

$$= 14.3 \frac{H}{\Delta t}$$

ここに，Q：冷水（温水）量〔L/min〕
　　　　H：機器の冷房または暖房負荷〔kW〕
　　　　Δt：冷水または温水の出入口温度差〔K〕
　　　　c：水の比熱〔kJ/(kg・K)〕（≒4.2 kJ/(kg・K)）
　　　　ρ：水の密度（1000 kg/m³（＝1.0 kg/L））

注1）　Δt は一般的に下記の値を標準としている．
　　・空調機（AHU）は，5～10℃（冷水5℃，温水7～10℃）
　　・ファンコイルユニットは，5～10℃（冷水5℃，温水7～10℃）
　　・直接暖房（直暖）は，8℃

注2）　温水ボイラを使用する場合の温水温度は，一般的に60～80℃としている．

冷水・温水配管の管径決定

❶　管径の算定には，一般的に水量と配管の単位長さ当たりの摩擦損失から配管流量線図を使って決定する．

❷　単位長さ当たりの摩擦損失は，一般的に 0.5 kPa/m〔50 mmH₂O/m〕が多く使われているが，近年の省エネルギー傾向からみて 0.2～0.3 kPa/m〔20～30 mmH₂O/m〕で設計されるものが多くなってきた．

❸　許容最大流速は口径50 A 以下の配管で 1.2 m/s，口径65～125 A の配管で 1.5～2.5 m/s，口径150 A 以下の配管で 3 m/s 程度である．銅管の場合は腐食を考慮して，0.5～1.2 m/s を基準とする．

❹　表2・4 は，配管用炭素鋼鋼管（白ガス管）の管径および最大流量を表したものである．配管サイズの簡略チェックに使用してもらいたい．

表2・4 配管用炭素鋼鋼管の管径・流量・流速（水温20℃）

呼び径〔mm〕	20		25		32		40		50		65		80		100	
単位摩擦損失〔kPa/m〕	0.5	0.3	0.5	0.3	0.5	0.3	0.5	0.3	0.5	0.3	0.5	0.3	0.5	0.3	0.5	0.3
最大流量〔L/min〕	15	10	28	20	52	40	80	60	160	110	280	220	420	340	900	680
流速〔m/s〕	0.6	0.5	0.7	0.5	0.8	0.7	0.9	0.7	1.2	0.8	1.3	1.0	1.5	1.1	1.7	1.4

配管の抵抗計算

冷水，温水，冷却水などのポンプ全揚程を算定する場合，配管の抵抗計算をしなければならない．抵抗計算は，次のような各種の抵抗を加えて求める．

❶ 配管直管部の摩擦抵抗
❷ 配管局部の抵抗（曲がり部分，分岐，縮小，弁類）
❸ 各種機器類の抵抗
❹ 自動制御弁の抵抗

これらの計算を概算で求める方法を次式で示す．

$$p = p_d + p_a$$
$$p_a = (1+k)LR$$

ここに，p：装置全体の圧力損失〔kPa〕
　　　　p_d：配管系統の抵抗〔kPa〕
　　　　p_a：各種機器の抵抗〔kPa〕（表 2・5 参照）
　　　　k：局部抵抗比〔%〕　・大規模建物：20
　　　　　　　　　　　　　　　・中規模建物：50
　　　　　　　　　　　　　　　・小規模建物：100
　　　　L：全配管系統の中で最長経路の全長〔m〕
　　　　R：配管の単位摩擦損失〔kPa/m〕

解いて理解！

図に示した冷却水配管の冷却水ポンプの所要揚程を求めよ．

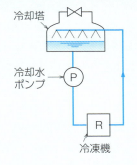

配管直管部：100 m
配管局部抵抗：0.3 kPa/m
冷凍機の機内抵抗：50 kPa
冷却塔の機内抵抗：60 kPa
局部抵抗比：0.5

【解答】・配管全長摩擦抵抗＝100 m×0.3 kPa/m
　　　　　　　　　　　　＝30 kPa ……………①
　　　・局部抵抗比＝0.5×30 kPa＝15 kPa ………②
　　　・冷却塔の機内抵抗＝60 kPa ………………③
　　　・冷凍機の機内抵抗＝50 kPa ………………④
　　　∴所要揚程＝①＋②＋③＋④＝155 kPa

表2・5 各種機器抵抗の概算値

機器の名称	機器抵抗〔kPa〕	備考
①ターボ冷凍機 　　蒸発器 　　凝縮器	 50～100 50～100	(注) ・メーカによって変わるので，確認のこと ・蒸発器は冷水ポンプ算定で使用 ・凝縮器は冷却水ポンプ算定で使用 ・水熱交換器は冷水ポンプ算定で使用
②吸収式冷凍機 　　蒸発器 　　凝縮器	 40～100 50～140	
③空冷ヒートポンプチラー 　　水熱交換器	 20～50	
④パッケージ形空調機（水冷） 　　凝縮器	 20～40	
⑤冷却塔 　　開放形 　　密閉形	 10～60 70～100	・開放形は外形寸法の「高さ」相当，また，噴霧圧によっても変わるのでメーカに確認
⑥空調機冷温水コイル	20～50	・水速 0.5～1.5 m/s
⑦ファンコイルユニット	10～30	
⑧自動制御弁	30～50	・最小 30 Pa にする

配管の施工

　配管の施工にあたっては，設計図書に記載された事項を確認し，配管材料の選定し施工する．配管からの漏水がないことは当然だが，配管の納まり，配管の支持，配管が梁・壁・床などを貫通する場合など建築工事との係りも多いので，十分考慮して施工に当たらなければならない．

施工上の留意点

❶　使用する配管，継手および弁類は，設計図書を確認し，用途を含めて検討・選定する．

❷　工事現場内に搬入された機材や資材は，日射や雨，風などで性能が落ちたり，汚損のないように養生を施して保守管理する．特に硬質塩化ビニル管は，日射で劣化しやすいので注意が必要である．

❸　建築躯体の梁，床，壁などを配管が貫通する場合，コンクリート打設前に型枠にスリーブを取り付ける．

❹　防火区画の壁，床を配管が貫通する場合，すき間をモルタル，ロックウール保温材などで埋める（図2・69）．

❺　横走り管は，配管内に空気溜まりができないように上りまたは下り勾配とし，頂部には空気抜き弁を取り付ける．配管勾配は，1/250 以上とする．

❻　吊りボルトが冷温水管に直接接している場合は，配管の保温厚より 150 mm 以上立ち上げ，吊りボルトに保温を施す（図2・70）．

❼　冷温水管は，熱膨張に対する伸縮を考慮する．

❽　機器廻りの配管施工は，保守，点検，取外しが容易にできるようにする．

2-8 水などを送る設備（ポンプ・配管設備）

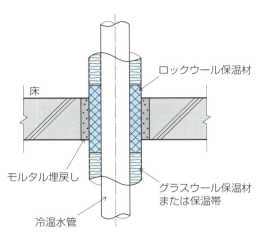

図2・69 冷水・冷温水管の防火区画貫通処理

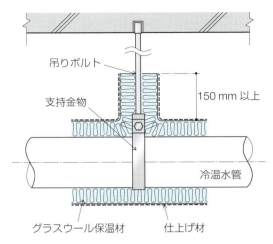

図2・70 冷温水管を直接支持する場合の吊りボルトの保温

配管の接続

配管を接続する前に亀裂や変形がないか点検し，配管の中には，土砂，ごみ，切りくずなどの異物が入っていないか確認する．また，配管作業の途中で中断などがある場合は，管内に異物が入らないように，配管端にプラグやキャップを取り付けて養生する．

（1）配管用炭素鋼鋼管の接合方法

配管用炭素鋼鋼管の接続には，ねじ込み接合，溶接接合，フランジ接合，ハウジング形管継手接合などがある．

❶ **ねじ込み接合**：ねじで接続するもので，雄ねじを継手の雌ねじにねじ込んで接続する．接続する際には，水密性を保持するため，ねじ部にシール材を塗布する．接続用ねじは，JIS B 0203 管用テーパねじを使用する（図2・71）．

❷ **溶接接合**：鋼管の溶接には，ガス溶接とアーク放電を利用したアーク溶接（電気溶接）がある．突合せ溶接（図2・72）のほか，差込み形およびフランジ形を利用したすみ肉溶接がある．

❸ **フランジ接合**：フランジ接合は，大口径管の接合や配管の取外しが必要な部分との接続部に用いられる．配管端部にフランジを取り付け，フランジとフランジをボルト・ナットで締め付けて接続する方法で，フランジを配管に取り付ける場合，ねじフランジ方法と溶接フランジ方法があ

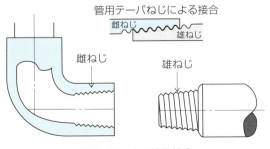

図2・71 ねじ込み接合

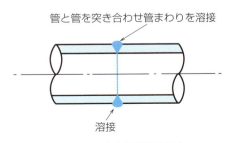

図2・72 突合せ形溶接接合

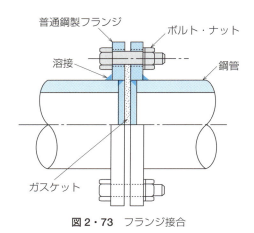
図2・73　フランジ接合

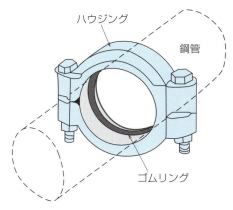
図2・74　ハウジング形管継手接合

る（図2・73）．

❹ **ハウジング形管継手接合**：可とう性，伸縮性がある継手接続で，配管の外面には，ハウジングの掛かり止め用の転造溝（引抜け防止用）を設け，ゴムリングをはめ，その上にハウジングをかぶせて，ボルト・ナットで締め付けて接合したものである（図2・74）．

空調配管材

空調設備に使用されている標準的な配管材を分類すると，表2・6となる．

表2・6　管材の種類と用途

材料の種類	冷水	温水	冷温水	冷却水	冷媒
鋼管	○	○	○	○	
硬質塩化ビニルライニング鋼管				○	
ステンレス鋼管	○	○	○	○	
銅管	○	○	○		○

（1）**鋼管**　鉄管と呼ばれ，白ガス管（管の表面を亜鉛めっき）と黒ガス管（管の表面はめっきなし）に分類されている．最近では，腐食しやすいことから給水管や給湯管には使用されていない．鋼管の種類としては，水配管用亜鉛めっき鋼管，配管用炭素鋼鋼管，圧力配管用炭素鋼鋼管がある．

（2）**硬質塩化ビニルライニング鋼管**　鋼管を母管とし，内側に硬質塩化ビニル管をライニングしたものが塩化ビニルライニング鋼管である．そのほかライニング鋼管には，水道用ポリエチレン粉体ライニング鋼管，水道用耐熱塩化ビニルライニング鋼管（冷・温水）と，土中埋設用として，外面にも合成樹脂をライニングした塩化ビニルライニング鋼管，ポリエチレン粉体ライニング鋼管がある．

（3）**ステンレス鋼管**　ステンレス鋼管は，耐食性に優れている合金で，ほかの金属管に比べて薄肉，軽量で，一般配管用ステンレス鋼管と配管用ステンレス鋼管がある．

（4）**銅管**　空調用設備に使用される銅管はリン脱酸銅継ぎ目無し管で，肉厚の薄いものか

ら順に，Mタイプ，Lタイプ，Kタイプがある．Kタイプは主に医療配管用，Lタイプは給湯用および冷媒用，Mタイプは給湯用に用いられる．

弁類，その他の付属品

弁はバルブとも呼ばれ，配管の途中に取り付け，水などの流体を止めたり流したりする開閉構造を持ったものである．構造は，弁箱（本体），弁体，弁座，弁棒，ハンドルからできている．

バルブの種類と特徴

（1）**仕切弁**　別名ゲート弁，制水弁とも呼ばれ，弁体は配管内の流体を垂直に仕切って開閉する弁（図2・75）．

（2）**玉形弁**　別名グローブ弁，ストップ弁とも呼ばれ，弁本体は球形状でできており，弁体内の流体の流れの向きを変える機構になっている．仕切弁に比べて流体の抵抗も大きいが，開閉時間

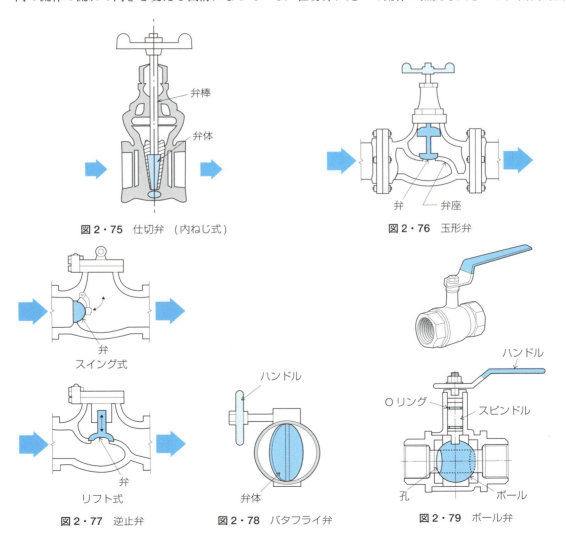

図2・75　仕切弁（内ねじ式）

図2・76　玉形弁

図2・77　逆止弁

図2・78　バタフライ弁

図2・79　ボール弁

が短い弁（図2・76）．

（3）**逆止弁**　別名チャッキ弁とも呼ばれ，管内の流体を一方向のみに流し，逆方向には流さない機構となっており，スイング式とリフト式がある（図2・77）．

（4）**バタフライ弁**　別名蝶形弁とも呼ばれ，弁本体の中心に円板状の弁体を取り付け，中心軸を回転させて流体を開閉する弁（図2・78）．

（5）**ボール弁**　コックと同じような構造で，ハンドルを90°回転することにより，ボール状の弁体が回転し流体を開閉する弁（図2・79）．

保温（保冷）材料の種類と特徴

保温（保冷）とは，一般的に温度を保つことをいい，配管・ダクト・機器などから熱を外部に逃さないようにすることである．保温材は，吸湿・吸水性が小さいものが良い．

（1）保温材の種類

❶ 人造鉱物繊維質

　a）ロックウール

　b）グラスウール

❷ 無機多孔質

　a）けい酸カルシウム

　b）はっ水性パーライト

❸ 発泡プラスチック

　a）ビーズ法ポリスチレンフォーム

　b）押出法ポリスチレンフォーム

　c）硬質ウレタンフォーム

　d）ポリエチレンフォーム

　e）フェノールフォーム

（2）保温材の使用温度

各保温材の最高使用温度を表2・7に示す．

表2・7　保温材の最高使用温度の目安

保温材	最高使用温度〔℃〕	保温材	最高使用温度〔℃〕
ポリエチレンフォーム	70	グラスウール	350
ウレタンフォーム	100	ロックウール	600
牛毛フェルト	100	ケイ酸カルシウム	1000

2-8 水などを送る設備(ポンプ・配管設備)

解いて理解！

中規模のビルで,ターボ冷凍機といちばん遠くにある空調機とを結ぶ冷水配管の直管部の全長が往管150 m,返管150 mである.この場合の配管抵抗を概算で求めよ.

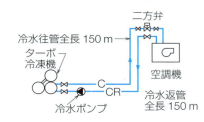

【解　答】　単位摩擦損失を0.3 kPa/mとする.

　　　　　配管全長の摩擦抵抗＝(150 m＋150 m)×0.3 kPa/m＝90 kPa……………①

中規模ビルなので局部抵抗比（曲がり管,分岐,弁など）を50％として

　　　　　局部抵抗＝0.5×90 kPa＝45 kPa……………………………………………②

　その他に

　　　　　ターボ冷凍機の抵抗＝50 kPa………………………………………………③
　　　　　空調機冷水コイルの抵抗＝50 kPa…………………………………………④
　　　　　自動制御弁の抵抗＝30 kPa…………………………………………………⑤

とすると,

　　　　　配管全抵抗＝①＋②＋③＋④＋⑤＝90＋45＋50＋50＋30＝265 kPa

となる.

ここが大事！

*管の伸縮

　伸縮量 ΔL 〔mm〕は,次式より算定する.

　　　$\Delta L = 1000\alpha L(t_2 - t_1)$

　　ΔL：管の軸方向の伸縮量〔mm〕
　　α　：管の線膨張係数〔1/℃〕
　　L　：温度変化前の管の長さ〔m〕
　　t_2　：管の加熱または冷却後の温度〔℃〕
　　t_1　：管の最初の温度〔℃〕

表2・8　線膨張係数〔1/℃〕

管種	線膨張係数
鋼管	0.00001098
ステンレス管	0.000016
銅管	0.00001710
耐熱塩化ビニル管	0.00007
ポリブテン管	0.00015
架橋ポリエチレン管	0.0002

2-9 暖房だけの方法（直接暖房）

　暖房設備とは，屋外（室外）への熱損失を補うために室内へ温熱を供給し，室内の温度を所定の温度に保つ設備である．暖房設備を大きく分類すると，個別暖房と中央式暖房に分けることができる．個別暖房は，各室にヒートポンプ式エアコン，ストーブ，ファンヒータなどの暖房機器を設置して行う方式で，小規模の建物に適している．中央式暖房には，直接暖房と間接暖房があり，ここではおもに直接暖房について取り上げる．

直接暖房

　直接暖房は，建物内の中央機械室（エネルギーセンタ）から，暖房の必要な各室の放射器に直接に温水または蒸気などを供給し暖房を行う方式である．直接暖房における暖房方式には，対流暖房方式と放射（ふく射）暖房方式がある．

対流暖房方式

　使用するのが温水であれば温水暖房，蒸気であれば蒸気暖房と呼ぶ．使用する放熱機器として，鋳鉄放熱器，ベースボードヒータ，コンベクタ，ファンコンベクタ，ユニットヒータなどがある．放熱器の種類と特徴については表2・9に，各放熱器の外観については図2・80に示す．

表2・9　放熱器の種類と特徴

放熱器名	構造	特徴
(a) 鋳鉄放熱器（ラジエータ）	鋳鉄製で中空のセクションで組み立てたもの	快感上は良いが重量とスペースを要するので最近は使われていない
(b) ベースボードヒータ	ケーシングの高さが低くフィン付エレメントが組み込まれている	放熱面積当たりのコストはコンベクタより安い
(c) コンベクタ	フィン付エレメントをケーシングで覆ったもの	放熱器としては一般的なもの
(d) ファンコンベクタ	コンベクタにファンを取り付けたもの	ファンが付いている分，早く暖まる
(e) ユニットヒータ	ケーシングの中にコイルを組み込んだもの	天吊と壁掛け型がある
(f) パネルヒータ	パネルの中にコイルを組み込んだもの	薄くて場所を取らない

放射（ふく射）暖房方式

　赤外線のヒータや床パネルヒータなどふく射熱を直接利用するものや，床面や壁面などを直接加熱して，表面から再放熱させるものがある．対流暖房のように温水と蒸気によって方式を分けることはなく，ふく射による暖房方式をふく射暖房と呼んでいる．

2-9 暖房だけの方法（直接暖房）

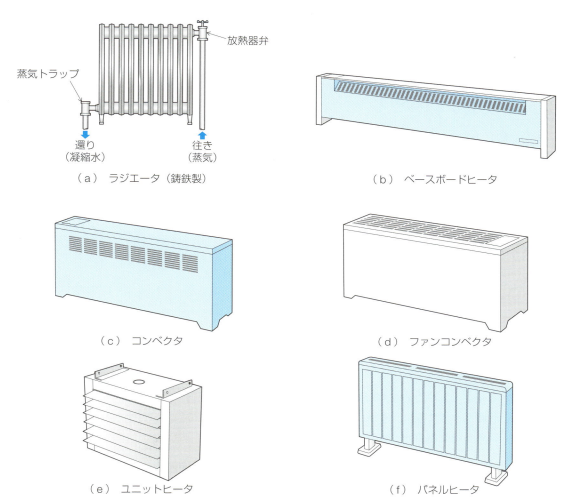

図2・80 各放熱器の外観（例）

温水暖房方式

温水暖房は，熱源機器（温水ボイラ），温水循環ポンプ，放熱器，膨張タンク，配管で構成される．温水ボイラでつくられた温水は，温水循環ポンプにより室内の放熱器に送られて暖房に利用される．放熱器を通過した温水は温水ボイラへ戻り，再び温水ボイラで加熱されて循環する．

温水暖房

温水暖房は，重力式温水暖房と強制循環式温水暖房に分類されるが，現在は，重力式温水暖房はほとんど使われていないので，ここでは，強制循環式温水暖房について述べる．

❶ 温水循環ポンプを使って暖房を行う方法で，配管方式は，複管式（往き・返り管）の上向き供給方式が多い（図2・81）．

❷ 温水循環ポンプには，うず巻形やライン形が使われる．温水循環ポンプの位置は，一般的に温水返り管に取り付けてボイラに向かって押し込む方法をとっている．

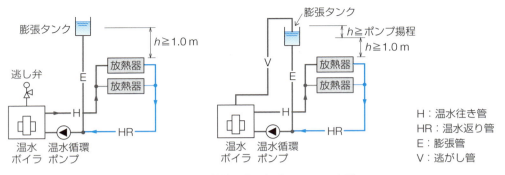

図 2・81　強制循環式温水暖房のシステム例

温水暖房の特徴

【長所】
・負荷変動に対して温度調整が容易である．
・放熱温度が低いので暖房感が良い．
・蒸気トラップや減圧弁などの配管付属品がないので故障が少ない．
・保守点検が容易である．

【短所】
・装置の熱容量が大きいため予熱時間が長く，燃料消費量も多い．
・放熱器や管径が大きくなり，全体として設備費はやや高くなる．
・寒冷地では停止中に保有水が凍結して，破損するおそれがある．

ダイレクトリターン（直接還水）方式とリバースリターン（逆還水）方式

　ダイレクトリターン方式は，ポンプより近い機器から順次接続する方式である．それに対してリバースリターン方式は，往き管からいちばん近い放熱器より順次接続し，返り管はいちばん近い放熱器が最後になるように接続する方式である（図2・82）．同一系統内の各負荷機器の損失水頭値の不均等差をなくすために用いる．

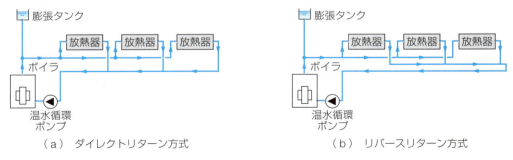

図 2・82　ダイレクトリターンとリバースリターン

膨張タンク

膨張タンクは，水温上昇による水の膨張に対し，装置各部に障害となるような圧力を生じさせないためや，装置内の圧力を常に正圧に保ち，装置内への空気の侵入を防ぐために設ける．膨張タンクには，開放式と密閉式があり，それぞれの特徴を以下に示す．

（1） 開放式膨張タンク（図2·83（a））

1. 膨張タンクは，装置内の空気抜きの役目をする．
2. 補給水タンクとして兼用される．
3. 装置内を正圧に保持することで，配管内での温水の蒸発を防止し，スチームハンマや温水循環ポンプでのキャビテーションの発生を防ぐ．
4. 開放式膨張タンクの設置場所は装置の最高部より高い位置となる．水面が大気に開放されている場所で，取付け高さはポンプの位置によって異なる．

（2） 密閉型膨張タンク（図2·83（b））

1. 上部に空気や不活性ガス（窒素ガスなど）を封入している．
2. 一般に，ダイヤフラム型が用いられる．
3. 設置場所に制限がない．
4. 空気抜きの役割がないので，別途空気抜きについて考慮する必要がある．

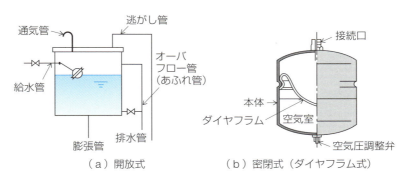

図2·83　膨張タンク

蒸気暖房

蒸気暖房は，一般的に高圧蒸気と低圧蒸気に分類される．高圧蒸気は，0.1 MPaを超えるものをいい，工場や特殊装置に供給するものである．低圧蒸気は，0〜0.1 MPaのものをいい，一般的に暖房に使用する．

還水方式による配管方式

凝縮水を蒸気ボイラに返す方式は，重力還水方式と真空還水方式に分けられ，一般的に重力式は高圧蒸気に使用され，真空式は低圧蒸気に使用されている．

- **重力還水方式**：放熱器からの凝縮水を，1/100程度の先下り勾配をつけた還水管により，重力によってボイラや還水タンクに返す方法である．

・**真空還水方式**：還水管に真空給水ポンプを用いて，還水管内の圧力を真空に保ち，凝縮水と空気を強制的に吸引する方式である．

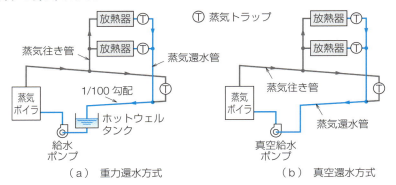

図2・84　還水方式による配管方式

蒸気暖房の特徴

【長所】
・装置全体の熱容量が小さいので，予熱時間が短く，始動が速い．
・間欠運転に適している．
・熱媒の温度が高いので，放熱器が小さくてよい．
・寒冷地でも凍結事故が少ない．
・設備費が割安となる．

【短所】
・負荷変動に対しての放熱器の調節が困難である．
・放熱温度が高いので，室内上下の空気に温度差がつきやすい．
・還水管の腐食が早いため，装置の寿命は短い．

蒸気暖房の付属機器

（1）管末トラップ配管　蒸気配管の管末には，蒸気管内で凝縮した凝縮水を還水管に導くために低圧用蒸気トラップを設ける（図2・85）．

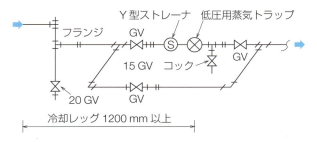

図2・85　管末トラップ配管

（2）リフトフィッティング（吸上げ継手）　真空還水式において還水管が先下がり勾配をとれないときや，還水管を立ち上げたいときに用いる（図2・86）．

2-9 暖房だけの方法（直接暖房）

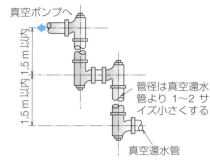

図 2・86　リフトフィッティング

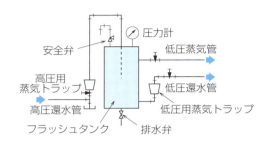

図 2・87　蒸発タンク（フラッシュタンク）

（3）蒸発タンク（フラッシュタンク）　高圧還水を低圧還水に接続する場合は蒸発タンクを用い，高圧還水が再蒸発した分を低圧蒸気管に接続し，凝縮水のみ低圧還水管に接続する（図2・87）．

温水式低温放射（ふく射）暖房

　床パネル内に温水を通して床の表面温度を31℃程度とし，床面からの放射熱によって暖房を行う方法で，住宅や病院などに多く採用されている．天井の高いホールなどで空調設備の補助設備として床パネルを採用することにより，高い暖房感を得ることができる．

【長所】
・室内の温度分布が良く，人体に対する快適度が高い．
・天井の高い場所でも，高い暖房感が得られる．
・パネルなどの表面温度を高めることで，室内温度を低く保つことができる．

【短所】
・構造体を暖めるので立上り時間が長い（熱容量が大きい）．
・大きな放熱面を要するので，建設費が割高となる．
・竣工後の保守が困難である．

解いて理解！

　装置内の全水量が20000 L，水の温度が10℃，給湯温度が60℃の場合の温水の膨張量を求めよ．

【解　答】　$\Delta v = \left(\dfrac{1}{0.9832} - \dfrac{1}{0.9997} \right) \times 20000 = 335 \fallingdotseq 340$ L

ここが大事!

＊温水の膨張量

$$\Delta v = \left(\frac{1}{\rho_2} - \frac{1}{\rho_1}\right) v = \alpha v \Delta t \ [\text{L}]$$

ここに，Δ_v：温水の膨張量〔L〕
　　　　ρ_1：たき始めの水の比重〔kg/L〕
　　　　ρ_2：運転時のボイラ内の水の比重〔kg/L〕
　　　　v　：装置内に含まれる全水量〔L〕
　　　　α　：水の膨張係数$\fallingdotseq 0.5 \times 10^{-3}$
　　　　Δt：温度上昇〔℃〕

＊水の比重

温度〔℃〕	比重〔kg/L〕
0	0.9999
10	0.9997
20	0.9982
30	0.9957
40	0.9923
50	0.9880
60	0.9832
70	0.9778
80	0.9718
90	0.9653
100	0.9584

2-10 特殊な空調の設備（特殊空調）

地域冷暖房

　地域冷暖房は，1箇所または数箇所の集中した熱源プラント（エネルギーセンタ）から，製造された蒸気，高温水，冷水などの熱媒を，地域配管網（導管設備）を通じてある一定の地域内の各建物や施設に供給し，冷暖房，給湯を行うシステムのことである．地域冷暖房は，熱需要密度が大きい地域（都市など大規模建物が密集した地域）に適している．

地域冷暖房の特徴

　（1）　エネルギーの効率的な利用が図れる　　熱媒の供給対象が広範囲なため，低負荷運転時の効率が低下するのを軽減できる．
　また，大型の機械が使えるので，群管理制御により効率の高い運転ができる．
　（2）　大気汚染や公害防止が図れる　　大気汚染，騒音，振動の対策を集中的に管理することができる．
　（3）　省力化とスペースの有効利用が図れる　　地域冷暖房を採用するビルでは，熱源の機械が設置されないので，機械の保守要員が省け，また，スペースの有効利用が図れる．

熱媒の種類

　地域冷暖房の熱媒には，冷水＋温水，冷水＋高温水，冷水＋蒸気などが用いられる（表2・10）．

表2・10　熱媒の種類

	熱媒	供給温度・圧力	採用熱源	
例1	冷水	4～7℃	電動式冷凍機（ターボ冷凍機），吸収式冷凍機	熱回収ヒートポンプ 直だき吸収式冷温水機
	温水	50～80℃	ボイラー（炉筒煙管ボイラー）	
例2	冷水	4～7℃	電動冷凍機（ターボ冷凍機），吸収冷凍機	
	高温水	120～180℃	ボイラー（炉筒煙管ボイラー，水管ボイラー）	
例3	冷水	4～7℃	電動式冷凍機（ターボ冷凍機），吸収式冷凍機	
	蒸気	圧力 0.58～0.78 MPa	ボイラー（炉筒煙管ボイラー，水管ボイラー）	

熱源システム

　熱源のシステムを選定するには，①エネルギーの種類，②熱媒の種類，③プラント容量，④経済性などが要因となる．
　一般的に採用されているシステムを次にあげる．
　（1）　蒸気（温水）ボイラ＋蒸気吸収冷凍機　　炉筒煙管ボイラの蒸気を使って冷暖房を行う（図2・88）．

（2） 蒸気ボイラ＋蒸気タービン駆動ターボ冷凍機　水管ボイラの高温高圧蒸気（2.0～4.5 MPa，300～400℃）を使う．温熱源の場合は減温減圧し蒸気を供給し，冷熱源の場合は蒸気タービンを使ってターボ冷凍機を動かして冷水を供給する（図2・89）．

（3） 直だき式冷温水発生機　一般ビルでも用いられているシステムで，設置スペースも小さくてすむ（図2・90）．

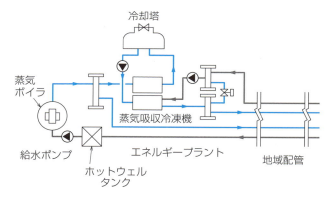

図2・88　蒸気ボイラ＋蒸気吸収冷凍機概略図

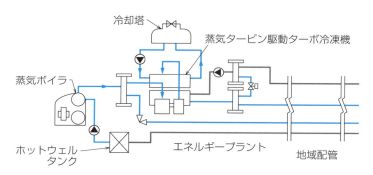

図2・89　蒸気ボイラ＋蒸気タービン駆動ターボ冷凍機概略図

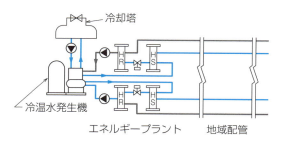

図2・90　直だき式冷温水発生機

コージェネレーション

ガスや石油の燃料を使って，タービンまたはエンジンを駆動させ発電し，その排熱を利用して冷・暖房や給湯を行うものである．この発電を行う機器によって大きく分けると，①**ディーゼルエンジ**

ン，②ガスエンジン，③ガスタービン，④燃料電池になる．

ディーゼルエンジンシステム

ディーゼルエンジンは，燃料と空気の混合気体を点火・爆発させ，それによって熱エネルギーを動力変換させるものである．

【特徴】
1. 使用燃料は，軽油や灯油が用いられる．
2. 回収熱の形態は，蒸気 0.8 MPa，温水 70〜90℃ である．
3. 発電効率は，ほかの内燃機関に比べて高く 31〜41% になる．総合効率は 48〜81% となる．
4. 適用機器規模は 50〜1000 kW である．

ガスエンジンシステム

燃料に都市ガス，液化石油ガス，バイオガスなどを使用する内燃機関で，作動原理はディーゼルエンジンと概略は同じである．

【特徴】
1. ガスを利用するため，排ガス吸収式冷凍機の直接利用ができる．
2. 回収熱の形態は，蒸気 0.8 MPa，温水 65〜90℃ である．
3. 発電効率は 28〜42%，総合効率 73〜90% となる．
4. 適用機器規模は 5〜1000 kW である．

ガスタービンエンジンシステム

タービン形式のエンジンを使用し，圧縮機，燃焼器，タービンの3つの基本要素でできている．

【特徴】
1. 回収熱の形態は蒸気 0.8 MPa である．
2. 燃料は，都市ガス，灯油，軽油，液化石油ガス，バイオガスなどが使用できる．
3. 発電効率は 19〜23%，総合効率 72〜75% となる．
4. 適用機器規模は 650〜1000 kW である．

燃料電池システム

水素と酸素を供給して発電を行うもので，天然ガス，液化石油ガスなどの燃料を精製（改質）して得られた水素と空気中の酸素を用いて，電気化学反応（電気分解の逆反応）によって直接発電し，化学反応によって生じる熱を利用するものである．

【特徴】
1. 発電効率は 30〜65%．総合効率が高い．
2. 回収熱の形態は温水 60℃ である．
3. 騒音・振動が少ないため環境上の問題は少ない．
4. 適用機器規模は小規模発電用（家庭用）で 1 kW 程度である．

蓄熱槽

蓄熱槽は，熱源システムでつくられた冷熱や温熱を一時的に蓄え，必要な時間に必要な量を利用するものである．蓄熱物体にはいろいろあるが，一般的には，水蓄熱（顕熱蓄熱）と氷蓄熱（潜熱蓄熱）が採用されている．特徴としては，電力が割安となる深夜電力の利用が可能となることや，夏期の昼間の冷房負荷に対するピークシフトやピークカットによる熱源機器容量の低減が図れることなどがあげられる．

水蓄熱システム

水蓄熱システムの蓄熱槽は，冷水槽として使用される場合が多いが，ヒートポンプや太陽熱を利用した温水槽としても使用されている．水蓄熱システムには密閉回路（クローズドシステム）と開放回路（オープンシステム）があり，高層建築物では水対水の熱交換器を設け，二次側を密閉回路にして二次側循環ポンプの配管損失を低減したシステムが多く採用されている．

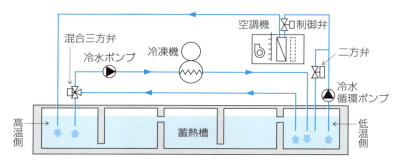

図2・91　水蓄熱方式の概略図

氷蓄熱システム

氷蓄熱システムの蓄熱槽は，氷から水に変化するときの融解潜熱を利用したものである．水の顕熱を利用する水蓄熱システムに比べて，蓄熱槽を小さくすることができるとともに，蓄熱槽からの熱損失を少なくすることができる．また，氷蓄熱システムでは5℃以下の冷水利用が可能となるため，大温度差空調システムに利用が可能で，熱搬送エネルギーの低減や除湿効果が図れる．氷蓄熱システムで用いられる冷凍機は，水蓄熱システムで用いられる冷凍機と比べ，蒸発温度が低くなるため，成績係数（COP）が悪くなる．

（1）**スタティック方式**　蓄熱槽内に製氷コイルを設け，製氷コイルに冷凍機でつくられた低温のブラインを通し，コイルの外側に氷を付着させる方法である．氷がコイルに固着して動かない状態になっている．図2・92にスタティック方式の概略を示す．

（2）**ダイナミック方式**　熱交換器や製氷機で生成した氷を溶液や水の中に含ませて，蓄熱槽に移す方法で，液体と細氷が混合したスリラー状態（シャーベット状態）で蓄熱する．図2・93にダイナミック方式を示す．

2-10 特殊な空調の設備（特殊空調）

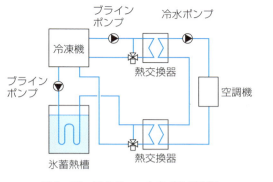

図2・92 スタティック方式の概略図

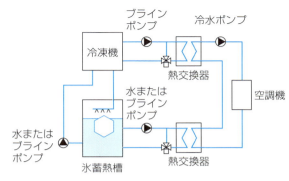

図2・93 ダイナミック方式の概略図

クリーンルーム

クリーンルームの規格

クリーンルームの清浄度クラスは，表2・11のとおりで，空気中の粒子の数で表す．日本産業規格（JIS B 9920）では，1 m³の空気中の微粒子数を10のべき乗数で表したべき指数で表しており，国際標準化機構（ISO）の清浄度クラスでは，JIS B 9920が採用されている．

表2・11 クリーンルームの清浄度クラス（JIS B 9920）

	粒径0.1 μmの粒子数	粒径0.2 μmの粒子数	粒径0.3 μmの粒子数	粒径0.5 μmの粒子数	粒径5 μmの粒子数
クラス1	10^1	2	—	—	—
クラス2	10^2	24	10	4	—
クラス3	10^3	237	102	35	—
クラス4	10^4	2370	1020	352	—
クラス5	10^5	23700	10200	3520	29
クラス6	10^6	237000	102000	35200	293
クラス7	—	—	—	352000	2930
クラス8	—	—	—	3520000	29300
クラス9	—	—	—	35200000	293000

単位：〔個/m³〕

クリーンルームの方式

以下の各方式の図から省略されているものに，エアーシャワー（人の出入口），パスボックス（製品の出入れ用）がある．これは室外の汚染空気の流入を防ぐものである．

（1）非一方向流方式　一般空調方式と変わらないが，異なる点は主フィルタにHEPAフィルタを使用し，換気回数を15～80回/hと多くする点である．室内で発生した汚染物質は室全体に拡散されるので，高度の清浄度は得られない．清浄度はクラス4～8となる．図2・94に非一方向流方式を示す．

（2） 垂直一方向流方式　　天井全体にHEPAフィルタを並べて吹出口とし，気流を床面へ層流にして垂直に流す方式である．この場合には，発生した汚染物質は拡散されることなく層流によってただちに室外に排出されるので，清浄なクリーンルームが得られる．換気回数は300～600回/hで，クラス1～4となる．図2・95に垂直一方向流方式を示す．

（3） 水平一方向流方式　　壁一面にHEPAフィルタを並べて吹出口とし，壁の一面全体から反対側の壁面へ清浄空気を0.3～0.5 m/sの層流で流す方式である．最上流側ではクラス100が得られるが，上流と下流の清浄度変化が激しくなる．換気回数は100～300回/hで，クラス3～7になる．図2・96に水平一方向流方式を示す．

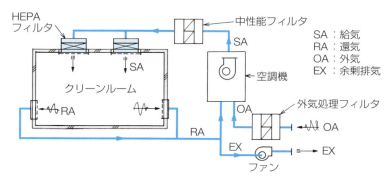

図2・94　非一方向流

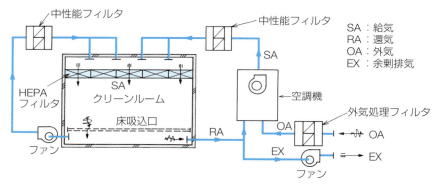

図2・95　垂直一方向流方式

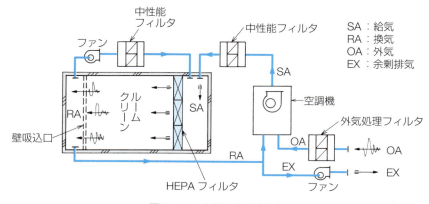

図2・96　水平一方向流方向

HEPA フィルタ（High Efficiency Particulate Air Filter）

微細に特殊加工したガラス繊維をろ材としたもので，1 μm 以下の粒子が捕集でき，集塵効率は計数法で 99.97％ 以上，圧力損失は 250～500 Pa である．

恒温恒湿室

恒温恒湿室には 2 種類あり，常時温湿度を一定に維持することを目的にした恒温恒湿室と，温湿度を使用目的によって変更する可変恒温恒湿室がある．最近は，可変恒温恒湿室の要求が多くなり，主として製品試験室や実験室などに使われている．

室内の特徴

既設建物または新設かを確認し，次の点に留意する必要がある．

1. 熱損失を少なく抑え，許容幅を小さくするために，壁，天井，床などに断熱材を使用する（断熱材は温度条件によって変えるが，厚さ 20～50 mm 程度）．
2. 既設の建物を利用する場合，室内温湿度によっては，窓，ドア，天井などに結露したり，隙間風が入ってこないかを事前に調査する．
3. 既設の建物を利用する場合，実験台の脚が集中荷重になるので，耐荷重に考慮する．
4. 低温室の断熱ドアは凍結を考慮して，パッキン廻りにヒータなどを取り付ける．
5. 恒温恒湿室の床が既設建物の床より高い場合は，台車などで荷を搬入することができなくなるので，スロープなどを設置する．

室内の温度・湿度条件

恒温恒湿室の温度・湿度の分布を決めるときは，天井，壁，床の断熱，気密，循環風量，室内の発熱など総合的に検討を行う．

【温度】標準用の 293.15 K（20℃）付近のほかに，超低温用として 243.15～233.15 K（−30～−40℃）のものから，高温用の 323.15～333.15 K（50～60℃）のものまである．

【湿度】高湿度用として 85～90％ のものから，低湿度用の 5～10％ のものまである．

室内の空気分布

1. 室内は，換気回数が大きくなるため，吹出口の風速や取付位置に注意が必要である．
2. 化学実験室などは，1～2 m/s，無菌室，繊維研究室は，0.5 m/s 以下が目安になる．
3. ダクト方式を使用する場合，天井全面を多孔板として吹き出す方法がある．

ドラフトチャンバの排気バランス

室内は，給排気量のバランスを常に一定に保つ必要がある．室圧は，ドラフトチャンバの排気量で変化するので，給気量のコントロールで室圧を一定にしてバランスを調整する．

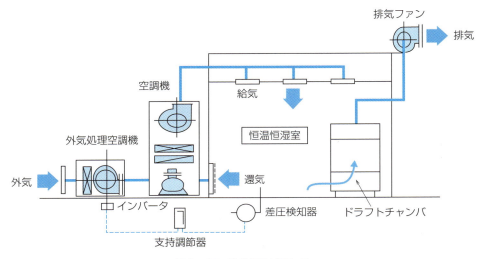

図2・97 給排気のバランス

自動制御装置の留意点

恒温恒湿室および可変恒温恒湿室の制御システムは，目的，用途，許容幅などで決定する．

❶ 一般に，室温は再熱器制御，相対湿度は加湿器制御による．

❷ 安全装置として，電気ヒータおよび加湿器は，送風機停止時に作動防止用としてインターロックにし，さらに過熱遮断器や過少気流遮断器を設ける．

> **ここが大事！**
>
> ＊ピークシフトとピークカット
>
> ピークシフトとは，昼間の最大負荷を夜間に蓄熱した分で補う方法で，ピークカットは昼間の最大負荷時間帯に熱源を停止して蓄熱分だけで補う方法である．
>
>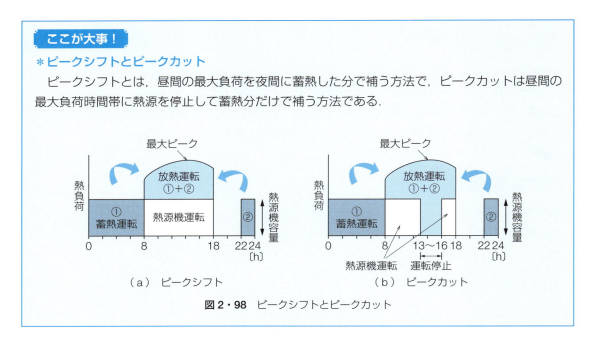
>
> 図2・98 ピークシフトとピークカット

2-11 空気・水を自動的に動かす設備（自動制御設備）

　自動制御は，あらゆる機器操作を人間の代わりに機械によって行うことで，役割は制御対象を常に目標値に維持することである．空気調和設備における自動制御のおもな目的と役割として，温湿度などの環境の維持，無駄のない効率よい運転，人件費の削減，装置・機器の安全性の確保，非常事態発生への対応などがあげられる．

自動制御の基本要素

　自動制御装置は，それぞれ「検出部」「調節部」「操作部」の3要素から成り立っている．
（1）**検出部**　制御したい場所の温度を検出し，電気信号などにより調節部へ計測値を送る部分．
- ❶ **検出器（センサ）**：温度検出器，湿度検出器，流量計，圧力発信器，液面計など
- ❷ **検出器と調節器が一体型**：サーモスタット（温度），ヒューミディスタット（湿度），圧力スイッチ，液面スイッチなど

（2）**調節部**　検出部からの信号と目標値を比較し，命令信号をつくり操作部に送る部分．調節部は，自動制御の中心部分で，制御方式は，電気式，電子式デジタル式，空気式に分類される．
　調節器（コントローラ）には，単ループ調節計，複合演算機（DDC，シーケンサ）などがある．
　＊補助機器：補助リレー，指示計，リモコン，表示ランプなど

（3）**操作部**　調節部からの信号により，冷温水量，風量，蒸気量などの増減を操作する部分．
　操作器は，配管用として調節弁，切換弁，ダクト用にダンパ操作器，動力用にインバータ，サイリスタ，マグネットなどがある．

自動制御方式の分類

　空調制御用として使用されている自動制御の種類は，信号の伝達や操作動力源に何を用いているかによって，自力式，電気式，電子式，空気式，電子・空気式，デジタル式に分類される．このほかには，精度の高い工業用計器なども用いられるが，ここでは6種類について述べる（表2・12参照）．

単一ダクト方式の自動制御

　実際の空気調和機の空気と冷温水の自動制御は，どのような制御方法で行っているのか，その例を示す．

（1）**定風量単一ダクト方式の自動制御方式（電気式）の例**（図2・99）
- ❶ **室内温度制御**：室内に設置した温度調節器（T）からの操作信号により，冷温水コイルの電動三方弁（MV）の比例制御により室内温度を一定にする．
- ❷ **室内湿度制御**：室内に設置した湿度調節器（H）からの操作信号により，加湿器（W）の二位置制御により室内湿度を一定にする．
- ❸ **外気取入れ制御**：外気取入用電動ダンパ（MD）は，予冷，予熱の際にタイマ（TM）で閉とし，また，ファン停止時にも閉とする．

表 2・12 自動制御方式の分類

種類	概要	特徴	用途
自力式	・動力源を外部から受けずに動作できる． ・検出部，調節部，操作部が一体化されている．	・電源不要なので簡単な機構で価格も安い． ・メンテナンスが容易． ・精度が悪い．	・ボールタップ ・熱動式膨張弁
電気式	・信号の伝達や操作動力源に電気を用いたもので，調節機構に電気増幅器など含まない．	・使用が簡単で，保守管理が容易である． ・安価である． ・工事が簡単（配線・取付）． ・高精度で複雑な制御はできない．	・小規模ビル ・あまり精度を要しない所
電子式	・動力源に電気を用いたもので，調節機構に電子増幅器（ホイートストンブリッジ回路）を持ち，検出信号を増幅して操作信号に変換し，操作部を作動させる．	・高精度で応答が迅速である． ・補償制御や複雑な制御ができる． ・中央制御ができる． ・配線が複雑で高価となる．	・スケジュール制御，カスケード制御の必要な所 ・中規模ビル
空気式	・信号の伝達，操作動力源として圧縮空気（0.1〜0.2 MPa）を用いたものである．	・高度な制御動作ができる． ・比較的構造が簡単で保守，管理が容易である． ・遠隔設定が可能である．	・塩，湿気を帯びる所 ・防爆性を要求する所 ・大規模ビル
電子・空気式	・検出部，調節部を電子式とし，操作部を空気式として両者の特長を生かしたものである．	・高度な計装を必要とする場合に用いられる． ・価格は最高である． ・空気源が必要．	・大，中規模ビル
デジタル式（DDC 式）	・調節部にマイクロプロセッサを使用し，コンピュータの出力で直接操作器を作動させるものである．	・複雑で高度な制御ができる． ・中央監視制御ができ割安となる． ・自己診断機能を付加することにより，故障検出への対応ができる．	・複雑な制御を要する所 ・大，中規模ビル

❹ **インターロック制御**：加湿器（W）は，空調機ファンとインターロックし，外気取入用電動ダンパ（MD）と連動運転とする．

※インターロック制御とは，2つの入力信号のうち，先に動作したほうを優先し，他方の動作を禁止する制御のことである．

❺ 夏・冬の切替は，温度調節器（T）付属切替スイッチで操作する．Tの指令により，MD を比例制御する．

（2） 変風量単一ダクト方式の自動制御方式（デジタル式）の例（図2・100）

❶ **室内温度制御**：温度調節器（T）の信号を受けて変風量装置（VAV）を比例制御し，室内温度を一定にする．

❷ **給気温度制御**：給気ダクトに挿入した温度検出器（TD）からの信号を DDC で受けて冷温水コイルの電動二方弁（MV）を比例制御し，給気温度を一定にする．

❸ **湿度制御**：代表室に設置した湿度検出器（HE）からの信号を DDC で受けて加湿器（W）の二位制御を行う．

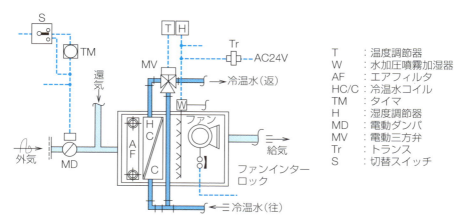

図2・99　定風量単一ダクト方式の自動制御方式（電気式）の例

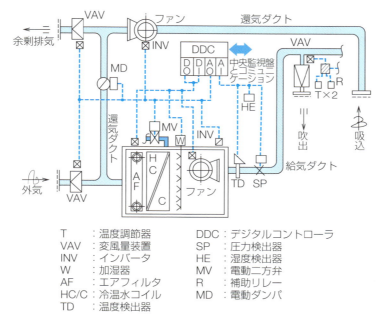

図2・100　変風量単一ダクト方式の自動制御方式（デジタル式）の例

❹　**給気風量制御**：給気ダクト内に挿入された圧力（静圧）検出器からの信号をDDCで受けて空気調和機の送風機の回転数制御を行い，給気風量を制御する．

❺　**インターロック制御**：加湿器は，空調機ファンとインターロックし，外気取入れVAVと連動運転する．

❻　夏・冬の切替は，中央監視制御盤や自動制御盤などの信号で行う．

❼　中央監視盤より温度，湿度の設定を行う．

ここが大事！

自動制御の事故

●**外気処理用空調機の冷温水コイルが凍結し破裂した**●

【原　因】　冬期は，空調運転停止時でもコイルに温水を流し，凍結防止対策を図ることが多い．この事故は，温水量を調整する二方弁の最低開度の調整ミスによって起きたものである．

【状　況】　事故発生時の二方弁の最低開度は 10％ になっており，特性図のとおり開度 10％ では，ほとんど流れない状態にあった．

【再発防止策】　凍結しない下限流量をメーカに確認し，必要流量から温水弁の開度を決め，下限開度の設定を 80％ とし，設計流量の 50％ が流れるようにした．

制御弁の流量は，弁前後の差圧が一定であれば制御弁のポートサイズを表す CV 値にほぼ比例する．50％ の開度で約 20％ の流量が流れる．

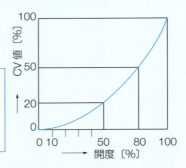

図 2・101　二方弁の特性図

2-12 高層ビルの空調設備

　高層ビルは，建築物の外皮部分（外壁や開口部）から受ける日射による熱負荷の影響が著しく大きい．同時に在室人員が多く，高密度化しているため，建物内で発生する熱負荷の処理，新鮮空気導入および汚染空気の排出にともなう外気負荷の処理にも計画性が要求される．
　近年は省エネルギー性やパッシブな手法による検討も重要である．
※自然通風の確保や日射制御などにより，機械力（動力）によらず環境制御や快適性を行うことをパッシブな手法という．

高層ビルの空調設備　基本計画

　高層ビルは窓で密閉され，外気流通が行えない構造となっていることが一般的である．外界から空気環境が遮断された建物内での快適な環境性能を維持するために，年間空調（1年を通じて空調機の運転が必要）を前提とした空調設備の計画が必要となる．

（1）年間空調の計画
　年間空調を行うには，中央方式の空調設備を採用することになるため，ビルの規模や用途，在室人員数などを考慮した方式の選定を行う．
※空調方式の詳細については 2-5「空気を調節する方法（空気調和方法）」（38～43 ページ）を参照．

（2）熱源方式の計画
❶ 高層ビルでは大型熱源機器を設置することになるため，燃料となる油類やガス，電気といったランニングコストの経済性を検討することも重要となる．
❷ 建物の特性によっては，蓄熱槽を設けることで冷凍機など熱源機器のピークシフト運転を行ったり，電気設備のコージェネレーションによる排熱などの未利用エネルギーの活用も行う．
❸ 近隣ビルとの調整により，地域冷暖房の導入も検討する．
※地域冷暖房およびコージェネレーションの詳細については 2-10「特殊な空調の設備（特殊空調）」（79～86 ページ）を参照のこと．

（3）機械設置スペースの計画
❶ 中央方式の空調を行う場合，熱源機器（冷凍機やボイラ，冷却塔など）が必要になるため，各種機器類の設置にかかる専用スペースを計画する．
❷ エアハンドリングユニットやファンコイルユニットを設置するスペース確保も検討する．
❸ 特に熱源機器用の設備機械室は建築物全体の床面積に対して 5～10％ 程度を目安としているが，熱源機器の種別および組合せ，空調方式によって大きく変動するため，注意を要する．
❹ 同時に衛生設備（受水槽やポンプなど）と電気設備（キュービクルや発電機など）とあわせた計画性が求められる．
※熱源機器の詳細については 2-6「エネルギーをつくる機器（熱源機器）」（44～51 ページ），空気調和機の詳細については 2-4「空気を調節する機器（空気調和機器）」（35～37 ページ）を参照．

■■　2章　建築と空気（空気調和設備）　■■

（4）　基準階における空調ゾーニングの計画
❶　高層ビルの空調において，もっとも重要なのは基準階における空調ゾーニングの計画である．
❷　室内の熱環境だけでなく，窓近くのコールドドラフト（窓近くの空気が冷やされて，冷気が下降する現象）の防止や日射による熱負荷解消，省エネルギーなどを計画に取り入れ，より最適な空調ゾーニングを検討する．
❸　主として高層ビルの基準階ではダクト併用・ファンコイルユニット方式による空調計画が採用されている．
❹　今後はペリメータゾーンにパッシブな手法を採用するなど，建築計画とあわせて室内環境の向上に努める必要がある．
※ダクト併用・ファンコイルユニット方式の詳細については2-5「空気を調節する方式（空気調和方式）」内のダクト併用・ファンコイルユニット方式（42ページ）を参照．

（5）　煙突効果による計画
❶　特に高層ビルでは低層階から上層階へアトリウム状の吹抜け空間を設けることが多い．
❷　暖房時には，煙突効果によって低層階からの外気流入が起きやすい．
❸　低層階では暖房効果の低下や出入口近くのドアの開閉不良，異音の発生などが生じる．出入口に風除室を設ける，回転ドアを採用する，といった建築計画での考慮も重要となる．

空調設備における自然エネルギーの活用

高層ビルは自然エネルギーを積極的に活用することが省エネルギーを図る上で重要となる．

（1）　外気冷房方式
高層ビル内は大規模オフィスや商業施設で構成されるため，内部発熱が大きい．室内温度よりも外気温度が低い中間期シーズンにおいても冷房を行う必要がある．この場合に冷凍機を運転せずに，直接外気を建物内へ導入する方式である．

（2）　ナイトパージ方式（夜間外気導入方式）
夏期において，比較的外気温の低い夜間に外気を導入することで，躯体の蓄熱低下を行い，翌日の室温上昇を抑制し，空調エネルギーの低減を図ることができる．

（3）　冷却塔フリークーリング方式
冬期において，冷凍機の圧縮機を運転しないで冷却塔の冷却水を使用する方式である．特に電算機室やデータセンタといった年間冷房負荷の生じる部分に適している．

外気負荷の低減による空調設備の省エネルギー化

高層ビルにおける外気負荷は冷房負荷における割合が大きく，導入する外気量を少なくすることで，外気による熱負荷を小さくすることが可能となり，省エネルギー化を図ることができる．

（1）　全熱交換器の利用
全熱交換器を使用することで，室内の外気負荷の低減を図る．ただし，ファン動力による電気エネルギーが増大することを考慮する必要がある．
※全熱交換器の詳細については3-2「機械的な換気（機械換気）」内の送風機類「全熱交換器（省エ

ネルギー型換気扇）」（101ページ）を参照．

（2） 建物使用前の外気取入れ制御
建物使用時間前は在室者による空気汚染が生じないことから外気導入の必要がないため，空調機の予冷および予熱時には外気取入れを停止することが効果的である．

（3） 外気の取入れ制御（CO_2濃度による外気量制御）
室内のCO_2（二酸化炭素）濃度を測定し，その濃度による外気導入制御を行うことで，最小の外気量によって室内の空気環境を維持することが可能となる．

省エネルギーを目的とした空調システム

近年は，機械力に依存することなく，建築設計上の工夫によって自然エネルギーを有効活用し，省エネルギー化を前提とした高層ビルの設備計画が積極的に取り入れられている．高層ビルではパッシブな手法として，特にペリメータレス空調方式の採用が多くなっている．

（1） ペリメータレス空調システム①（エアフローウィンドウ方式）
❶ 高層ビルの基準階外周を二重ガラスとし，窓下から室内空気を吸引，二重ガラス内を通して天井内へ排気する方式（図2・102）．
❷ 二重ガラス内にブラインドを設けることで日射熱による負荷の低減を行い，省エネルギー化を図ることが可能である．また，窓ガラス面の表面温度が室内温度に近くなるため，コールドドラフト防止になる．

（2） ペリメータレス空調システム②（ダブルスキン方式）
❶ 建物外周をガラス壁面で覆うことで，二重の壁内を温室空間とする方式（図2・103）．
❷ 冬期には日射熱により二重の壁内が暖められ室内の温度が上昇するため，省エネルギー化を図ることができる．夏期は二重の壁内が高温になるため，上部から排熱可能なようにする必要がある．
❸ 二重の壁内にライトシェルフを設けることで日射遮へいの効果も期待できる．

（3） タスク・アンビエント空調方式
タスク（作業域）の空調とアンビエント（室内全体）の空調を分け，タスク域に効率的な空調を行う方式．タスク域に居住者がいないときには空調を停止可能で，省エネルギーとなる．
一般的に，床吹出しによる空調を行うことが多くなっている．

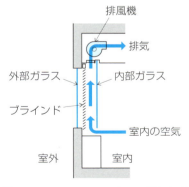

図2・102 エアフローウィンドウ方式

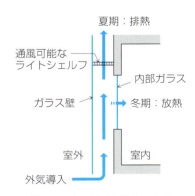

図2・103 ダブルスキン方式

換気・排煙設備 3

3-1 自然な換気（自然換気）
3-2 機械的な換気（機械換気）
3-3 煙を逃す設備（排煙設備）

3-1 自然な換気（自然換気）

自然換気には，自然の風による圧力差を利用した「風力換気」と，室内外の温度差（空気密度差）を利用した「重力換気（温度差換気）」がある．自然換気の特性を理解し，建築計画に取り入れることは室内空気環境の向上や省エネルギー化を図る上で大変重要であるといえる．

なお，室内空気環境の維持ではなく，冷涼感などの体感性を重視した場合の通風とは異なる．

風力換気

外部風が壁に当たると，風上側で正圧（＋），風下側で負圧（－）となり，その圧力差によって換気が行われる（図3・1）．この換気法は，換気力が非常に大きいが，建物の形状や外部風の有無により大きな影響を受ける．

重力換気（温度差換気）

温度の高い空気は密度が小さく（軽い），温度の低い空気は密度が大きい（重い）．室内外に温度差（密度差）が生じる場合，空気の圧力変動が生じ，空気に流れが生じて換気が行われる（図3・2）．冬季のように室内が屋外に比べて高温である場合，温度の低い外気は建物下方の開口部から室内へ流入し，温度の高い室内空気は建物上方の開口部から流出する．

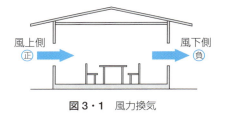

図3・1 風力換気

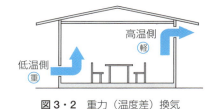

図3・2 重力（温度差）換気

自然換気による通風の効果

❶ 夏期の最多風向きに合わせた方位に給気口を設けること（圧力差）．
❷ 上下開口部の取付高さの差が大きいほど，換気量は大きくなる（温度差）．
❸ 床面近くに給気口，天井面近くに排気口を設けることが望ましい（温度差）．

居室の自然換気（建築基準法第28条第2項）

居室には換気上有効な窓その他開口部を設け，その面積はその居室の床面積に対して，1/20以上としなければならない．自然換気の基本構造を図3・3に示す．

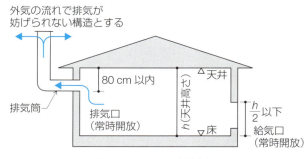

図3・3 居室の自然換気

3-2 機械的な換気（機械換気）

　機械換気とは，換気扇やファン類（送風機，排風機）を使用した機械力による強制的な換気方法である．特に機械換気では建築基準法令における各種規定が必要となり，無窓居室や火気使用室の有効換気量の確保が重要となる．同時に，シックハウス規制に係る居室内の必要有効換気量も確保する．

機械換気の種類

　機械換気には図3・4に示すように3種類の方式がある．

図3・4　機械換気の種類

（1）　第一種換気方式　　給気と排気を機械式（ファン類）にて行う方式．室内圧を正圧・負圧で任意で設定することが可能であり，もっとも安定した換気を行えることが特徴である．集会施設（映画館や劇場など）や機械室，業務用厨房に適用される．

（2）　第二種換気方式　　給気を機械式（ファン類）とし，排気は自然式（開口部）にて行う方式．室内は正圧となるため，室内に汚染空気や塵埃を侵入させたくない場合や，ボイラ室内に新鮮空気を導入する場合に適している．病院の手術室や工場のクリーンルームなどの空気環境を維持する必要がある室にも適用される．

（3）　第三種換気方式　　給気を自然式（開口部）とし，排気は機械式（ファン類）にて行う方式．室内は負圧となり，汚染空気や臭気を室外に広げない特徴がある．便所や浴室，台所などに適用される．

換気量の決定

換気回数による方法

　換気回数とは，室の1時間当たりの換気量を室の容積で除した値である．同時に，その室の空気が1時間で入れ替わる回数を示すもので，室の用途により異なる．

$$換気回数〔回/h〕＝毎時の換気量〔m^3/h〕/室の容積〔m^3〕$$

　この方式は，室内の空気汚染状態が不明確である場合など，概算で換気量を求めたいときに，対象室の容積〔m^3〕に換気回数〔回/h〕（表3・1）を乗じて換気量を求めるものである．

3章 換気・排煙設備

表3・1 主要な室用途と換気回数

室 名	換気回数〔回/h〕	室 名	換気回数〔回/h〕
一般居室	2〜3	変電室	10〜15
便所（使用頻度高）	10〜15	厨房（大）※	30〜40
便所（使用頻度低）	5〜10	厨房（小）※	40〜60
洗濯室	20〜30	地階倉庫	5〜10
設備機械室	5〜10	屋内駐車場	10以上
ボイラ室	10〜15		

※実際にはガス消費量などから算定を行う．

解いて理解！

床面積が 30 m²，天井高さが 2.5 m のトイレの換気を換気回数 15 回/h で行う場合の必要換気量を求めよ．

【解　答】　室の容積　30 m² × 2.5 m ＝ 75 m³
　　　　　必要換気量　75 m³ × 15 回/h ＝ 1125 m³/h

建築基準法による方法

❶ **無窓の居室の換気量**（建築基準法施行令第20条の2第一号ロ）

$$V = \frac{20 A_f}{N}$$

ここに，V：有効換気量〔m³/h〕
　　　　A_f：居室の床面積〔m²〕（特殊建築物の居室以外の居室が換気上有効な窓その他開口部を有する場合は，その開口部の換気上有効な面積に20を乗じて得た面積をその居室の床面積から減じた面積）
　　　　N：1人当たりの占有面積〔m²/人〕（特殊建築物の居室にあっては，3を超えるときは3，その他の居室にあっては，10を超えるときは10とする）

❷ **火気使用室の換気量**（建築基準法施行令第20条の3第2項・建設省告示第1826号）

　　$V = 40 \cdot K \cdot Q$（排気フードがない場合）
　　$V = 30 \cdot K \cdot Q$（排気フードⅠ型の場合）
　　$V = 20 \cdot K \cdot Q$（排気フードⅡ型の場合）
　　$V = 2 \cdot K \cdot Q$（煙突を用いる場合）

ここに，V：有効換気量〔m³/h〕
　　　　K：理論廃ガス量〔都市ガス，LPガス：0.93 m³/kW·h〕〔灯油：12.1 m³/kW·h〕
　　　　Q：燃焼器具の燃料消費量〔kW，kg/h〕

※給気口は天井の高さの1/2以下の高さに設け，排気口は天井または天井から下方80 cm以内の位置で，かつ換気扇などを設け，直接外気に開放するか排気ダクトに直結すること．なお，排気フードは不燃材としなければならない．

3-2 機械的な換気（機械換気）

> **解いて理解！**
>
> 事務室（無窓居室）の床面積が 450 m² である場合，その有効換気量 V を求めよ．
> ただし，1 人当たりの占有面積は 5 m² とする．

【解答】 $V = \dfrac{20 \text{ m}^3/\text{h}\cdot\text{人} \times 450 \text{ m}^2}{5 \text{ m}^2/\text{人}} = 1800 \text{ m}^3/\text{h}$

人数がわかっていれば，20 m³/h・人×90 人（450 m²÷5 m²/人）＝1800 m³/h でも可である．
参考に，建築用途に対する 1 人当たりの占有面積を表 3・2 に示す．

表 3・2 建築用途に対する 1 人当たりの占有面積

建築種別	室内用途	1 人当たりの占有面積 N 値〔m²/人〕	面積当たりの人数〔人/m²〕	備考
事務所ビル	事務室	5	0.2	事務室の床面積
	応接室・会議室	2	0.5	
学校	教室	1.5	0.7	教室の床面積
劇場	客席	0.6〜0.7	1.5	
	ロビー	4	0.25	
図書館	閲覧室	1.5〜1.7	0.6	
美術館	展示ホール	6〜7	0.15	
百貨店	売場	2	0.5	
レストラン	客席	1.5	0.7	
旅館・ホテル		10	0.1	
病院・診療所		5	0.3	居室の床面積

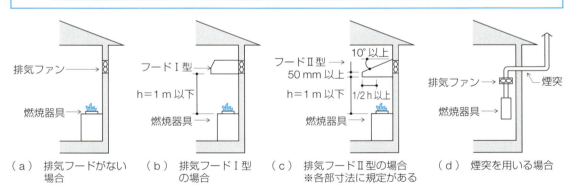

(a) 排気フードがない場合 (b) 排気フード I 型の場合 (c) 排気フード II 型の場合 ※各部寸法に規定がある (d) 煙突を用いる場合

図 3・5 火気使用室の換気

※火気使用室において換気設備を設けなくてよい条件は以下のとおり（建築基準法施行令第 20 条の 3 第 1 項）．
- イ）密閉式燃焼器具（燃焼にともなう給排気は直接外気によって行う）のみを設置している場合
- ロ）住宅・住戸（100 m² 以内）の調理室で，燃焼器具の発熱量が 12 kW 以下，床面積の 1/10 以上かつ 0.8 m² 以上の換気上有効な開口を設けた場合
- ハ）調理室以外の室で，燃焼器具の発熱量が 6 kW 以下で換気上有効な開口を設けた場合

> **解いて理解！**
> ガス消費量が 15 kW のガスレンジを使用する場合において，排気ファンの有効換気量 V を求めよ．ただし，ガス種別は都市ガス，フードの種別は I 型とする．
>
> 【解　答】　$V = 30 \times 0.93 \text{ m}^3/\text{kW}\cdot\text{h} \times 15 \text{ kW} = 418.5 \text{ m}^3/\text{h}$

❸ シックハウス規制における換気量（建築基準法施行令第 20 条の 8）

建材や塗料，接着剤などには**ホルムアルデヒド**を代表とする VOC（揮発性有機化合物）が含まれているが，これにより人体に悪影響（健康障害）が発生することをシックハウス症候群と呼んでいる．建築基準法では，このシックハウス防止のため，すべての建築物の居室に常時機械による換気（24 時間換気）を義務付けている（図 3・6）．

なお，この規制では内装仕上げ材の使用数量の制限による等級も設けられている．

また，天井裏や床下，壁内，押入れなどの気密構造も要求されている．

$$Vr = n \times A \times h$$

ここに，Vr：必要有効換気量〔m³/h〕
　　　　n：換気回数〔回/h〕
　　　　　　※住居系居室＝0.5 回/h 以上
　　　　　　※非住居系居室＝0.3 回/h 以上
　　　　A：居室の床面積〔m²〕
　　　　h：居室の天井高さ〔m〕

※常時機械による換気（24 時間換気）は居室単位で行ってもよいが，一般的に住居系などでは，便所や浴室，洗面室などのファンを利用することが多い．その場合，空気流通が可能なように各居室には給気口と空気流通の図れる建具（ドアガラリなど）を計画する．

図 3・6　常時（24 時間）換気の例

> **解いて理解！**
> 床面積 18 m²（天井高さ 2.5 m）の住宅の居室における必要有効換気量 Vr を求めよ．
>
> 【解　答】　居室の容積　　　　　$18 \text{ m}^2 \times 2.5 \text{ m} = 45 \text{ m}^3$
> 　　　　　必要有効換気量（Vr）　$45 \text{ m}^3 \times 0.5 \text{ 回/h} = 22.5 \text{ m}^3/\text{h}$

必要換気量による方法（在室者 1 人当たりに必要な換気の量）

室内の空気汚染濃度を許容濃度以下に保つために必要な最小の換気量が必要換気量である．

在室者から発生する CO_2（二酸化炭素）の増加に対して，これを CO_2 の許容値（0.1%）以下に抑えるために必要な換気量は，1人当たり 30 m³/h として算定を行う．

許容値による方法

次に掲げる発生物質に対する室内環境基準値や汚染量が規制されている場合，下記のように必要換気量を求める．

イ）塵埃

$$V = \frac{M}{C - C_O}$$

ここに，V ：有効換気量〔m³/h〕
M ：塵埃発生量〔mg/h〕
C ：許容室内塵埃濃度〔mg/m³〕
C_O ：導入外気塵埃濃度〔mg/m³〕

ロ）ガス

$$V = \frac{M}{K - K_O} \times 100$$

ここに，V ：有効換気量〔m³/h〕
M ：ガス発生量〔m³/h〕
K ：許容室内ガス濃度〔vol%〕
K_O ：導入外気ガス濃度〔vol%〕

送風機類

送風機の種類については，2-7「空気を送る設備（送風機・ダクト設備）」の「送風機」の項（52ページ）を参照のこと．ここでは，換気機器である全熱交換器（省エネルギー型換気扇）について説明する．

全熱交換器（省エネルギー型換気扇）

全熱交換器は，給気と排気を同時に行う換気機器であり，機器内部で熱交換を行うことで換気する際の外気負荷および冷暖房負荷の低減が期待できる（図3・7）．

この換気では，給気（新鮮外気の導入）と排気（室内の汚染空気の排出）を交差させ，温度と湿度

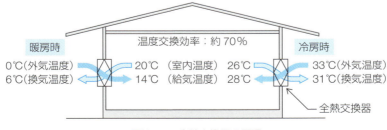

図3・7 全熱交換器の原理

を移し替えることで，室内の温熱環境を安定させつつ，空気環境の質を維持することが可能である．特に，空調機を使用している場合において，高い省エネルギー効果が期待できる．

機器（換気扇）内で熱交換を行う部分は，特殊な加工紙で仕切られており，この加工紙に給気と排気系統の空気が接触することで，温度（顕熱）と湿度（潜熱）が交換される．

なお，この仕切りによって給気と排気は分けられているため，室内への新鮮外気の供給と室内の汚染空気が混ざり合うことはない．

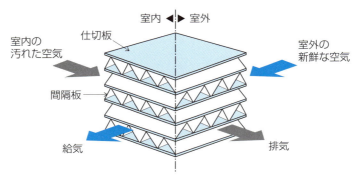

図3・8　全熱交換器のしくみ

> **ここが大事！**
>
> * **換気の目的**：①室内空気の清浄化　②熱や水蒸気の除去　③酸素の供給
> * 風力換気においては，室外の風速が大きいほど，換気量も大きくなる．
> * 重力換気（温度差換気）においては，室内外の温度差が大きいほど，換気量が大きくなる．また，外壁中央部に1つの開口部（窓）を設けるより，同じ面積の開口部（窓）を二分して上下に設けるほうが換気効率が良い．
> * 屋根裏換気は，結露防止（30ページ参照）や日射熱侵入防止を目的としている．
> * 置換換気（ディスプレイスメント換気）とは，供給空気と室内空気を混合することなく換気する手法をいう（図3・9）．室温より低温の空気を床面近くから給気し，押出し効果によって天井面より排気するものである．室内空気中の汚染物質が攪拌されないため，高い換気効率が得られる．
>
>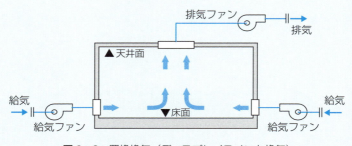
>
> 図3・9　置換換気（ディスプレイスメント換気）

3-3 煙を逃す設備（排煙設備）

排煙の目的

火災時に発生する煙を防ぐ方法に，防煙と排煙がある．防煙は，出火点の部屋からほかの部屋への煙の流出を防ぐことであり，排煙は，出火した煙やほかの部屋から流入した煙を排出することである．すなわち，排煙設備の目的は，火災の初期に発生した煙を排除して，避難活動や消火活動を容易にすることである．

なお，排煙設備は建築基準法では避難規定，消防法では消火活動上必要な施設として規定されている．

排煙設備の設置規定

下記のとおり，建築基準法と消防法にて設置しなければならない部分が規定されている．
（１） 建築物（居室・通路など）の排煙設備（表3・3）（建築基準法施行令第126条の2）

表3・3 排煙設備の設置基準

排煙設備を必要とする建築物	排煙設備が除外される建築物
1　特殊建築物（下記（一）〜（四））で延べ面積が500 m^2 を超えるもの （一）劇場，映画館，演芸場，観覧場，公会堂，集会場 （二）病院，診療所（患者の収容施設があるもの），ホテル，旅館，下宿，共同住宅，寄宿舎，児童福祉施設など （三）博物館，美術館，図書館，ボーリング場，スケート場，水泳場，スポーツ練習場 （四）百貨店，マーケット，展示場，キャバレー，遊技場，カフェー，ナイトクラブ，バー，公衆浴場，飲食店，店舗（床面積が10 m^2 以内のものを除く）	・左記（二）の特殊建築物のうち，防火区画された部分で，床面積が100 m^2 以内のもの ※共同住宅の住戸にあっては床面積200 m^2 以内のもの ・階段の部分，昇降機の昇降路の部分（乗降ロビーの部分を含む） ・機械製作工場，不燃性の物品を保管する倉庫などで，主要構造部が不燃材料でつくられたもの ・学校，体育館など
2　階数が3以上で延べ面積が500 m^2 を超える建築物	
3　延べ面積が1000 m^2 を超える建築物の居室でその床面積が200 m^2 を超える居室	
4　排煙上有効な開口部の面積の合計が，居室の床面積の1/50未満である居室（建築基準法施行令第116条の2第1項第二号）	

（２） 特別避難階段の排煙設備（建築基準法施行令第123条第3項および建設省告示第1728号）
屋内と階段室は，バルコニーまたは外気に向かって開くことができる窓もしくは排煙設備を有する付室を通じて連絡すること．

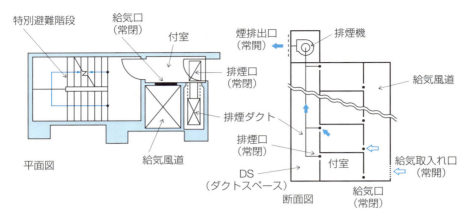

図 3・10 特別避難階段の排煙設備

（3） 非常用エレベータの排煙設備（建築基準法施行令第 129 条の 13 の 3 第 3 項二号）
バルコニーまたは外気に向かって開くことができる窓もしくは排煙設備を設けること．

（4） 地下街の排煙設備（建築基準法施行令第 128 条の 3 第 1 項六号および建設省告示第 1730 号）
非常用の照明設備，排煙設備などで国土交通省の定める構造方法を用いること．

（5） 消防法による排煙設備（消防法施行令第 28 条および同法施行規則第 29 条・30 条）
下記の各防火対象物には排煙設備を設置するものとする．

- 地下街で延べ面積が 1000 m² 以上のもの．
- 集会場などの舞台部で，床面積が 500 m² 以上のもの．
- キャバレー，遊技場，百貨店，物品販売店舗，駐車場などの地階または無窓階※で，床面積が 1000 m² 以上のもの．

※無窓階：建築物の地上階のうち，消防法令で定める避難上または消火活動上の有効な開口部を有しない階のこと．

排煙設備の構造規定

建築基準法では，下記のとおりその構造を規定している（建築基準法施行令第 126 条の 3）．

❶ 建築物を床面積 500 m² 以内ごとに防煙壁で区画すること．なお，居室と避難路となる廊下などは別区画として計画する．

❷ 排煙口，風道その他煙に接する部分は，不燃材料とすること．

❸ 排煙口は，防煙区画部分の各部から 1 つの排煙口にいたる水平距離が 30 m 以下となるように，天井から 80 cm 以内に設け，直接外気に開放するか，または排煙風道に直結すること．

❹ 排煙口には，手動開放装置を以下のとおりに設置し，かつ見やすい方法で使用法を明示する．
- 壁に取り付ける場合には，床面から 80 cm 以上 1.5 m 以下の高さの部分
- 天井から吊り下げて設ける場合には，床面からおおむね 1.8 m の部分

3-3 煙を逃す設備（排煙設備）

排煙の方式

排煙設備には，自然排煙と機械排煙がある．

（1） 自然排煙　外気に面する窓や排煙口を利用して煙を外部に排出する方式で，出火時に排煙口を開放し排煙するものである（図3・11）．

なお，高層建築物では外部風に影響されやすいため，主として低層建築物に採用されている．

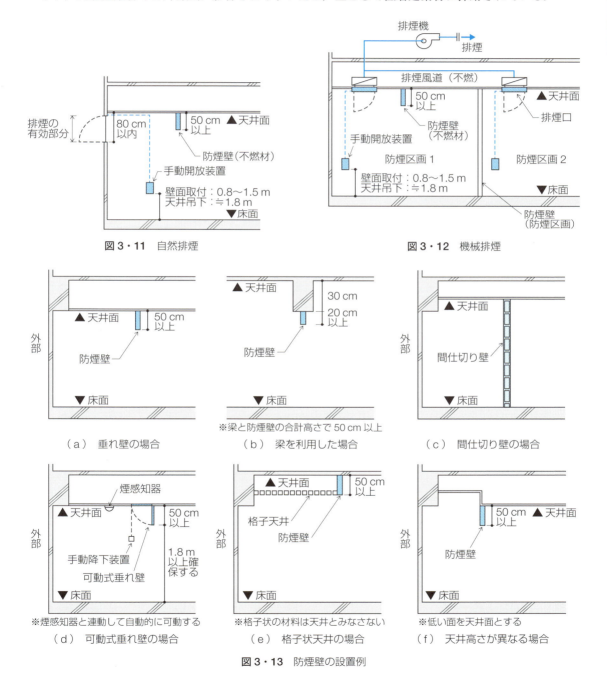

図3・11　自然排煙

図3・12　機械排煙

図3・13　防煙壁の設置例

（a）垂れ壁の場合
（b）梁を利用した場合
※梁と防煙壁の合計高さで 50 cm 以上
（c）間仕切り壁の場合
（d）可動式垂れ壁の場合
※煙感知器と連動して自動的に可動する
（e）格子状天井の場合
※格子状の材料は天井とみなさない
（f）天井高さが異なる場合
※低い面を天井面とする

（2） 機械排煙

排煙機（排煙専用ファン）を使用して強制的に排煙する方式で，出火時に排煙口を開くと同時に排煙機が起動し，排煙されるものである（図3・12）．

自然排煙設備

（1） 防煙壁（建築基準法施行令第126条の2第1項）

防煙区画は，天井から50cm以上下方に突出した垂れ壁，その他これと同等以上に煙の流れを防ぐことができる不燃材の防煙壁，間仕切り壁で構成される（図3・13）．

また，防煙壁の材質は，不燃材（網入りガラスや線入りガラスなど）でつくらなければならない．

（2） 排煙口（建築基準法施行令第126条の3）

❶ 排煙上の有効部分は，天井面から下方80cm以内の部分とすること．

❷ 外気に接して開放できる排煙上有効な部分は，防煙区画面積の床面積の1/50以上とする．

上記に満たない場合には，機械排煙方式（排煙機の設置）としなければならない．

機械排煙設備

（1） 防煙壁　　自然排煙設備と同じである．

（2） 排煙口（建築基準法施行令第126条の3・建設省告示第1436号）

❶ 常時閉鎖状態を維持し，排煙が必要なときに開放する．

❷ 手動開放装置，煙感知器と連動する自動開放装置，遠隔操作方式の開放装置を設ける．

❸ 天井高さ3m未満の場合，天井面から80cm以内で，防煙垂れ壁区画の場合は，垂れ壁の下端より上に設置する．

❹ 天井高さ3m以上の場合，床面から2.1m以上の高さとし，かつ天井高さの1/2以上の箇所に設置する．

❺ 排煙口は，防煙区画の各部分から水平距離30m以下で設置すること（図3・14）．

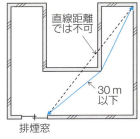
（a） 自然排煙による排煙口

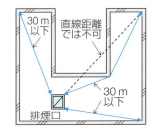
（b） 機械排煙による排煙口

図3・14　排煙口の配置

（3） 排煙機（建築基準法施行令第126条の3）

❶ 排煙機は，1つの排煙口の開放にともない自動的に作動し，運転する構造とすること．

❷ 排煙機には予備電源を設けること（規定能力で30分以上の運転ができること）．

（4） 排煙風量（建築基準法施行令第126条の3）

❶ 1つの防煙区画のみの場合

120 m³/min 以上，かつ防煙区画の床面積〔m²〕×1 m³/min・m² 以上

❷ 2つ以上の防煙区画の場合

120 m³/min 以上，かつ最大防煙区画の床面積〔m²〕×2 m³/min・m² 以上

（5） 排煙風道（ダクト）

❶ 不燃材とし，排煙機に接続されていること．

❷ 防火区画を貫通するダクトには排煙用の防火ダンパ（HFD：作動温度280℃）を設置すること．また，貫通部分のすき間は，モルタルなどの不燃材で埋めること．

❸ 定速法で計画し，ダクト内の通過風速は，20 m/s 以下とする．

❹ 排煙口の吸込み風速は，10 m/s 以下とする．

（6） 天井内チャンバ方式

天井内を箱型空間（チャンバと呼ぶ）とみなし，天井内に排煙用の防火ダンパを設けて，天井面に配置した吸込み口から天井内のチャンバを経由し，煙を排煙機へ導く方式．

なお，この方式で天井面に防煙壁（垂れ壁）を設置する場合は，天井裏まで達し，かつ天井面から25 cm以上の高さとすること．

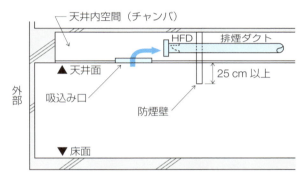

図3・15 天井内チャンバ方式

解いて理解！

図に示す排煙設備について，各室の排煙風量，排煙口サイズ，ダクト風量，排煙機の風量を算出せよ．

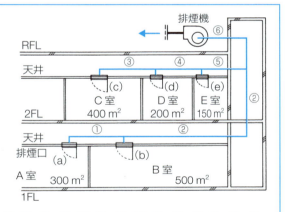

【解 答】

● 各室の排煙風量　排煙口（a）：300 m³/min　サイズ $\dfrac{300 \text{ m}^3/\text{min}}{60 \text{ s/min} \times 10 \text{ m/s}} \fallingdotseq 0.5 \text{ m}^2$ 以上

（b）：500 m³/min　サイズ $\dfrac{500 \text{ m}^3/\text{min}}{60 \text{ s/min} \times 10 \text{ m/s}} \fallingdotseq 0.83 \text{ m}^2$ 以上

（c）：400 m³/min　サイズ $\dfrac{400 \text{ m}^3/\text{min}}{60 \text{ s/min} \times 10 \text{ m/s}} \fallingdotseq 0.66 \text{ m}^2$ 以上

$$(d): 200 \text{ m}^3/\text{min} \quad \text{サイズ} \frac{200 \text{ m}^3/\text{min}}{60 \text{ s/min} \times 10 \text{ m/s}} \fallingdotseq 0.33 \text{ m}^2 \text{ 以上}$$

$$(e): 150 \text{ m}^3/\text{min} \quad \text{サイズ} \frac{150 \text{ m}^3/\text{min}}{60 \text{ s/min} \times 10 \text{ m/s}} \fallingdotseq 0.25 \text{ m}^2 \text{ 以上}$$

- ダクト風量　①：300 m³/min　②：800 m³/min　③：400 m³/min
　　　　　　　④：600 m³/min　⑤：600 m³/min　⑥：800 m³/min
- 排煙機の風量　最大防煙区画のB室（500 m²）が主となるため
　　　　500 m² × 2 m³/(min·m²) = 1000 m³/min = 60000 m³/h 以上

特殊な構造の排煙設備

（1）押出し機械排煙方式

給気用の送風機を使用した排煙方式である．火災時に送風機を使用して室内圧を高め，排煙口から煙を押し出すことで，有効な排煙効果が期待できる（図3・16）．

（2）加圧防排煙方式

避難経路である階段や付室，通路などに送風機を使用して給気することによって室内圧を高め，隣接部分との圧力差を利用し煙の侵入を防止する防煙（遮煙）設備である（図3・17）．システムが複雑になるが，避難経路となる部分に煙を侵入させないことから安全性を確保しやすい．

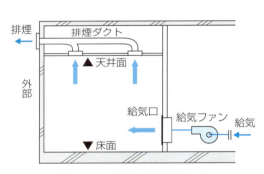

図3・16　押出し機械排煙方式

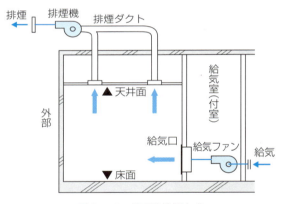

図3・17　加圧防排煙方式

（3）蓄煙方式

大空間であるホールやスタジアムなどは，非常に天井が高く，火災時に発生した煙が降下する前に避難が可能であるため，空間上部で蓄煙する方式．

（4）特別避難階段の付室および非常用エレベータのロビーの排煙

どちらも自然排煙方式または機械排煙方式のどちらでもよい．ただし，機械排煙方式とした場合でも自然給気口の設置は義務付けられている（天井高さの1/2未満の位置とする）．

給排水・衛生設備

4

- 4-1　きれいな水をつくる方法（浄水処理）
- 4-2　汚い水をきれいにする方法（下水道）
- 4-3　飲む水などを送る設備（給水設備）
- 4-4　お湯をつくる設備（給湯設備）
- 4-5　排水や流れをよくする設備（排水・通気設備）
- 4-6　火災が起きたときに必要な設備（消火設備）
- 4-7　火を起こす設備（ガス設備）
- 4-8　便器などの設備（衛生器具設備）
- 4-9　汚い水をきれいにする装置（浄化槽設備）
- 4-10　汚い水をきれいにして使う設備（排水再利用設備）
- 4-11　雨を利用する設備（雨水利用設備）
- 4-12　ごみを処理する設備（塵処理設備）
- 4-13　高層ビルの衛生設備

4-1 きれいな水をつくる方法（浄水処理）

建築物に供給される水には，「良好な水質」，「必要な水量」，「適切な水圧」の三者が技術上の要素として確保されなければならない．したがって，良好な水質を得ることのみが浄水施設の役割ではない．

施設の概要

上水道の水の流れは図4・1に示すとおり，水源 → 取水（集水）→ 導水 → 浄水 → 送水 → 配水 → 給水（建物の水栓）の順となる．

浄水は原水を使用目的に適合した水質（水質基準）に改善するための操作であり，通常の水道では沈砂池（普通沈殿），沈殿池（薬品沈殿），急速砂ろ過池および消毒，さらに発生汚泥の処理の工程が順次行われる．浄水は原水の水質によって処理法が異なる．

(1) **沈砂池**　水にまじっている粗いごみや砂などを取り除く．
(2) **沈殿池（薬品沈殿）**　細かい沈殿しにくいものを沈めるため，硫酸アルミニウムを溶解させて凝集体をつくる．その中に沈殿しにくいものを包み込み，沈殿分離する．
(3) **急速砂ろ過池**　砂の層で水をろ過する．その砂の層を通過する速さは1日に120 mである．
(4) **消毒**　塩素を水に溶かし，主に大腸菌を死滅させる．
(5) **特殊な処理**　原水に多くの鉄やマンガンなどが含まれる場合，塩素を添加して除去する．また，カビ臭があればオゾン処理や活性炭吸着処理でそれぞれの物質を除去する．

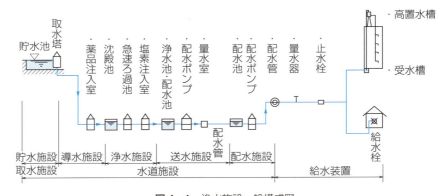

図4・1　浄水施設一般構成図

上水道の種類

水道の種類には次のものがある．
(1) **専用水道**　寄宿舎・社宅などにおける自家用水道で100人を超える者に供給するもの
(2) **上水道**　給水人口5001人以上の水道

（3） 簡易水道　　給水人口 101〜5000 人の水道
（4） 貯水槽水道
❶ 簡易専用水道：水道事業から供給される水のみを水源とする受水槽の有効容量が 10 m³ を超える施設である．
❷ 小規模貯水槽水道：水槽の有効容量の合計が 10 m³ 以下の施設

これらの水道から給水装置を経て水が供給される．**給水装置**とは，水道法に次のように定義されている．

「給水装置とは，需要者に水を供給するために，水道事業者（県市町など）の施設した配水管から分岐して設けられた給水管およびこれに直結する給水用具をいう．」

上水道計画

上水道計画では，計画給水量が基準となる．

計画給水量（水道施設の規模を決定する基本水量）は，次式により決定される．

$$計画1日平均給水量 = \frac{計画有効水量}{計画有効率}$$

ここに，計画有効率：配水量に対する有効水量の比率

$$計画1日最大給水量 = \frac{計画1日平均給水量}{負荷率}$$

$$負荷率 = \frac{計画1日平均給水量}{計画1日最大給水量}$$

$$計画時間最大給水量 = 時間係数 \times \frac{計画1日最大給水量}{24}$$

ここに，時間係数：時間平均給水量に対する時間最大給水量の比率を表すための係数

計画取水量，計画導水量，計画浄水量，計画送水量，計画配水量は，次の基準によって決定される．

（1） 計画取水量　　計画1日最大給水量
（2） 計画導水量　　計画1日最大原水量
（3） 計画浄水量　　計画1日最大給水量
（4） 計画送水量　　計画1日最大給水量
（5） 計画配水量　　計画時間最大給水量

〔注〕計画配水量は，一般的に計画時間最大給水量でよいが，火災時を考慮して計画1日最大給水量の1時間当たりの水量と消火用水量の合計とする．

上水道の水質基準と問題点

水質基準は浄水施設の出口で適用されるものである．その内容は図 4・2 に示すとおり，第1に安全性・信頼性の確保の必要性から人の健康に影響を及ぼす可能性があるものとして，健康に関連する 31 項目，第2に水道水としての基礎的・機能的条件の確保の必要性から，色・濁り・臭いなどの生活利用上の要請や腐食などの施設管理上の要請に関連する項目として，水道水が有すべき性状に関連する 20 項目が定められた．

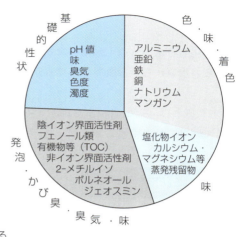

図 4・2 水道水水質基準（厚生労働省令 第 101 号）

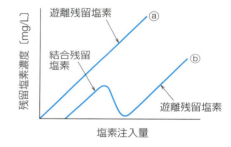

図 4・3 残留塩素の状態

❶ 近年の水道水の問題は，塩素の添加量が多くなったことである．このことは浄水施設へ流入する原水の水質が悪化したことによるものである．

❷ アンモニアが存在していると図 4・3 に示すとおり，塩素とアンモニアが化合して結合残留塩素（クロラミン）をつくるため，残留塩素を定められた濃度にするためには，必要以上に塩素を添加しなければならない．

❸ 残留塩素が有機物であるフミン質やフルボ質と反応して，発がん性物質といわれているトリハロメタンが生じることもあるため，原水の水質を悪化させないことが重要である．

浄水処理

110 ページ図 4・1 で示した施設の概要でのフローは急速ろ過法による浄水処理であるが，浄水処理は図 4・4 に示すように 4 種類がある．

（1） 消毒のみ 水源に汚濁がまったくない清浄な水質である地下水は，消毒処理のみで水道水としている．

（2） 緩速ろ過 1 日に 4〜5 m という緩やかな速度でろ過池の砂層に水を通し，砂層の表層部に繁殖している微生物の浄化作用で水をきれいにする．広い浄水場の敷地があれば採用される場合がある．

（3） 膜ろ過 膜の細孔が 0.1 μm 前後（1 μm＝1/1000 mm）の膜に水を通過させて，浄化する方法である．

4-1 きれいな水をつくる方法（浄水処理）

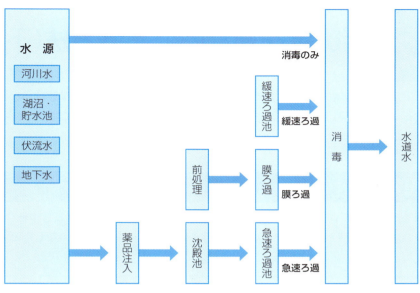

図4・4 浄水処理の種類

（4）急速ろ過 水中の汚濁物質を薬品で凝集，沈殿させた後に，上澄みを1日に120～150 mの速度で砂層に通して，浄化する方法である．広く用いられている方式である．凝集とは水中の微細粒子（SS）に凝集剤を加えて凝集させ，塊を大きくした後，固液分離することで清澄な処理水を得るもっとも広く用いられている水処理プロセスの1つである．

ここが大事！

* 砂ろ過は，処理速度 **4～5 m/d** の緩速ろ過法，**120～150 m/d** の急速ろ過法の2種類がある．
* 消毒は必ず塩素で行う．
* 配水管の水圧は最小動水圧で **150～200 kPa** を標準とし，最大動水圧は最高 **400 kPa** 程度とする．
* 水道水は，給水栓における水が遊離残留塩素を **0.1 mg/L**（アンモニアと結合した塩素の場合は 0.4 ppm）以上保持するように塩素消毒される．
* 簡易専用水道は受水槽の容量が **10 m³** を超える施設である．
* 原水の水質が悪化すると，図4・1に加えて，活性炭処理・オゾン処理，さらに膜処理をしなければならない．
* 原水の水質が悪ければ，通常アンモニアが多くなり，残留する塩素が少なくなるため塩素の注入が多くなり，その結果として消毒副生成物（トリハロメタン）が生じる．

4-2 汚い水をきれいにする方法（下水道）

　下水道は，下水（生活排水や工場排水または雨水をいう）を排除するために設けられる排水管，排水きょ，その他の排水施設，さらにこれらに接続して下水を処理するために設けられる処理施設など，その他施設の総体である．

施設の概要

　雨水を流入させないで，汚水のみを対象とする分流式と，雨水と汚水を対象とする合流式がある．下水道の流れは，発生源 → 管路（排水ポンプ場も含む）→ 処理施設 → 放流の順となる．

分流式

　分流式下水道は図4・5に示すとおり，汚水と雨水を分けて下水道に集めて処理する．管きょは合流式に比べて小口径のため，所定の管内流速を得るためには勾配が急になり，埋設が深くなる．

【長所】大雨が降っても未処理の汚水は放流されないため，水質保全上，有利である．

【短所】道路に降った汚れた雨水を処理場で処理できない．

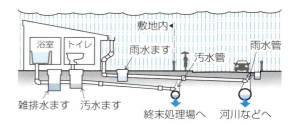

図4・5　分流式下水道

合流式

　合流式下水道は図4・6に示すとおり，汚水と雨水を合わせて下水道に集め，処理場で処理する．

【長所】1本の管きょで汚水と雨水を集水でき，管路が1本で済むため施工が容易であり，一般に建設費が割安である．

【短所】雨が降ったとき，計画時間最大汚水量の3倍以上の下水が未処理水として川や海へ放流される．

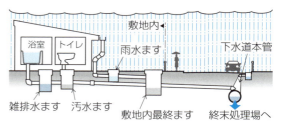

図4・6　合流式下水道

下水道の種類

下水道の種類には，図4・7に示すとおり，大きく分けて公共下水道，流域下水道，都市下水路があり，公共下水道はさらに特定環境保全公共下水道，特定公共下水道に分けられる．

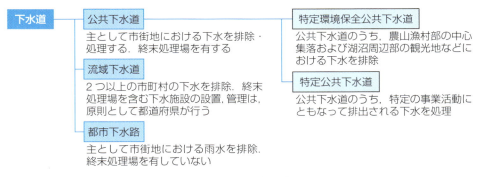

図4・7 下水道の種類

公共下水道

公共下道水は，下水道法より「主として市街地における下水を排除し，又は処理するために地方公共団体が管理する下水道で，**終末処理場**を有するもの（**単独公共下水道**）又は流域下水道に接続するもの（**流域関連公共下水道**）であり，かつ，汚水を排除すべき排水施設の相当部分が暗きょ（地下に設けられた水路）である構造のもの」とされている．この設置および管理は，原則として市町村が行う．公共下水道のうち，**特定環境保全公共下水道**は，農山漁村部の中心集落および湖沼周辺部の観光地などにおいて実施されている．また，**特定公共下水道**は，特定の事業活動にともなって排出される下水を処理するものである．

流域下水道

流域下水道は，河川や湖沼の流域内にある2つ以上の市町村の行政区域を越えて下水を排除するもの．各市町村ごとに公共下水道を建設することに比べて，一括して下水を処理することによって，建設費も安く，運営上からも効果的である．設置および管理は，都道府県が行う．

都市下水路

都市下水路は，市街地の雨水を排除する目的で設置されるため，終末処理場を持たないので水質の規制がない．

下水道計画

各施設の設計に関する各用語の説明を下記に示す．

（1） **家庭汚水量**　家庭汚水量の1人1日最大汚水量は，計画目標年次における，その地域の上水道計画（または計画見込み）の1人1日最大給水量を勘案して定め，用途地域別に基礎家庭汚水量と営業汚水量との割合を考慮する．

（2） **工場排水量**　工場排水量は，業種別の出荷額当たりまたは敷地面積当たりの排水量に基づき推定する．

（3） **地下水量**　1人1日最大汚水量の10〜20％．

（4） **計画1日最大汚水量**　計画1日最大汚水量は，1人1日最大汚水量に計画人口を乗じ，工場排水量，地下水量およびその他の排水量を加算したものとする．

（5） **計画時間最大汚水量**　計画1日最大汚水量の1時間当たりの量の1.3〜1.8倍．

（6） **雨天時計画汚水量**　合流式下水道における雨天時計画汚水量は，原則として計画時間最大汚水量の3倍以上とする．

分流式下水道と合流式下水道では，各施設の設計水量の基準が異なる．

管路施設の設計

（1） 分流式
❶ 汚水管きょは，計画時間最大汚水量とする．
❷ 雨水管きょおよび開きょは，計画雨水量とする．

（2） 合流式
❶ 合流管きょは，計画雨水量と計画時間最大汚水量を加えた流量とする．
❷ 遮集管きょ（汚水混じりの雨水が川に流れ出るのを防ぐ管きょ）は，雨天時計画汚水量とする．

ポンプ施設の設計

（1） 分流式
❶ 汚水ポンプ場は，雨天時計画汚水量とする．
❷ 雨水ポンプ場は，計画雨水量とする．

（2） 合流式
❶ 汚水ポンプ場は，雨天時計画汚水量とする．
❷ 雨水ポンプ場は，合流管きょの計画下水量から雨天時計画汚水量を差し引いた量とする．

処理場設計

❶ 晴天時は，計画1日最大汚水量とする．
❷ 雨天時は，雨天時計画汚水量とする．

公共下水道への下水排除基準の問題点

汚水を下水道管きょに流す時点で，下水道処理施設で処理が困難な物質や処理に影響が生じないように水質を規制している．たとえば，水温45℃以下，BOD 600 mg/L以下，ノルマルヘキサン抽出物質含有量（動植物油脂類含有量）30 mg/L以下，他の重金属などに関する基準が定められている．そして，汚水が処理され，放流される時点では水質汚濁防止法に基づく排水基準が定められている．

> **ここが大事！**
> * 下水処理場の処理順序：沈砂池 → 最初沈殿池 → ばっ気槽 → 最終沈殿池 → 消毒設備．近年は窒素，リン，COD（化学的酸素要求量）を処理する高度処理の導入が増えている．
> * 汲み取り式便所は，住まいの地域が処理区域になると，3年以内に水洗便所に改造して公共下水道へ接続しなければならない．
> * 雨水と汚水を集めて処理するものを合流式下水道という．
> * 合流管きょの最小流速は 0.8 m/s 程度，汚水管きょの最小流速は 0.6 m/s 程度である．
> * 最小管径は一般に，汚水管きょでは 200 mm，雨水管きょおよび合流管きょでは 250 mm である．
> * 消毒とは，大腸菌群などをある程度まで減少させることであり，滅菌とは区別している．

4-3 飲む水などを送る設備（給水設備）

上水道の施設（飲める水をつくる施設）を経て，各家庭や飲み水を必要とする箇所へ供給する設備を給水設備という．

給水方式

直圧直結給水方式

直圧直結給水方式は，直接給水方式ともいわれている．

水道本管から直接に水道管を引き込み，止水栓（水を止める弁）および量水器（水道メータ）を経て各水栓器具類（蛇口など）に給水するものである．一般住宅，2階建ての建物などにこの方式がとられる．

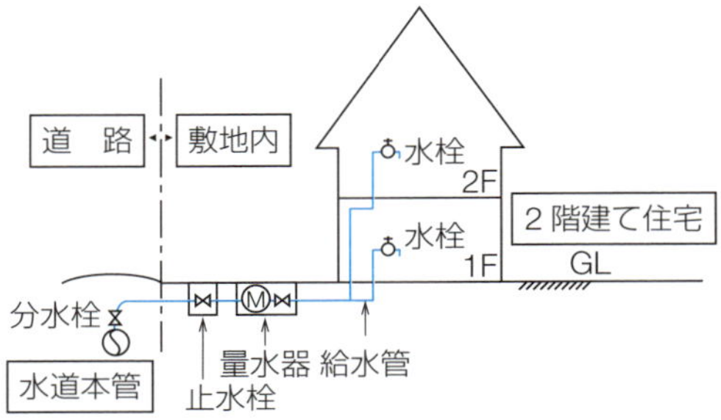

【長所】
・使用箇所まで密閉された管路で供給されるため，**もっとも衛生的**である．
・**断水のおそれが少ない**．停電時でも給水できる．
・設備機器（ポンプ，受水槽など）が不要で，設備費がもっとも安い．

【短所】
・給水量が多い場合は不可．
・近隣の状態により**給水圧の変動**がある．

図4・8　直圧直結給水方式

増圧直結給水方式

増圧直結給水方式は，受水槽を通さず直結給水用増圧装置（直結給水ブースタポンプユニット）を利用して直接中高層階へ給水する方式である．

このポンプユニットの中には，いったん水道本管から吸込んだ水が逆流しないように**減圧式逆流防止器**が組み込まれている．

対象建物は，事務所ビル，共同住宅，店舗などで，ポンプ**口径が 75 mm 以下**の建物とし，高さ10階程度の建物が対象です．ただし，危険物を取り扱う事業所や病院，ホテルなど常時水が必要とされ断水による影響が大きい施設は対象外である．

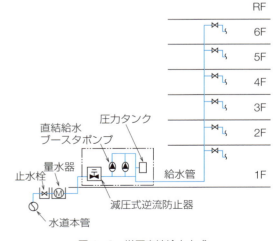

図4・9　増圧直結給水方式

【長所】
・配水管の水が直接蛇口まで供給されるため，水が**新鮮で衛生的**ある．
・水槽の清掃・点検にかかる費用が不要である．
・受水槽の設置スペースが有効に利用できる．

【短所】
・水道工事や災害時には断水のおそれがある．

高置水槽方式

高置水槽方式は，高架水槽方式ともいわれている．

水道本管から引き込まれた給水管を通って，いったん受水槽に水をため，揚水ポンプで建物の屋上部にある高置水槽へと揚水し，そこから重力で各水栓器具類に給水するものである．高層建物にこの方式がとられる．

【長所】
・給水圧がほかに比べ**もっとも安定**している．
・扱いやすいため，従来もっとも多く用いられている．
・断水時でも水槽に残っている水が利用できる．

【短所】
・設備費が割高である．
・受水槽・高置水槽があるため，水質汚染の可能性が大きい．
・上階では水圧不足を，下階では過大水圧を生じやすい．

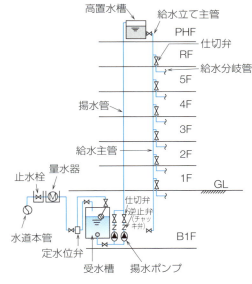

図 4・10 高置水槽方式

圧力水槽方式

圧力水槽方式は，加圧給水方式ともいわれている．

水道本管から引き込まれた給水管を通って，いったん受水槽に水をため，圧力タンクを持ったポンプにより各水栓器具類に加圧給水するものである．

中層建物，高置水槽が置けない場合（日照権問題などで）に，よくこの方式がとられる．

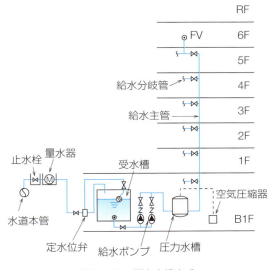

図 4・11 圧力水槽方式

【長所】
・設備費が高置水槽方式に比べて安い．
・高圧が得られやすいため，工場などの高水圧を必要とする場所に通用できる．
・高置水槽が不要である．

【短所】
・**給水圧の変動が大きい**．
・維持管理費が割高である．

ポンプ直送方式

ポンプ直送方式は，タンクなし加圧方式またはタンクレスブースタ方式ともいわれている．

水道本管から引き込まれた給水を，いったん受水槽にため，数台のポンプによって各水栓器具類に給水するものである．この方式には，定速方式，変速方式および定速・変速併用方式がある．

定速方式は，数台の定速ポンプを並列に設け，そのうち1台を常に運転し，使用水量に応じて変動する吐出し管の流量または圧力を検知し，残りのポンプを必要に応じて発停させる．

変速方式は，変速電動機により駆動させるポンプを使用して，定速方式と同じように流量または圧力の変化に応じてポンプの回転数を変化（インバータ制御）させ，給水量を制御して圧力を一定にする．

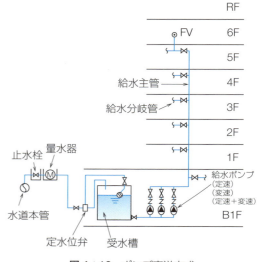

図4・12　ポンプ直送方式

ポンプ制御方式には，吐出し圧力一定方式と末端圧力推定方式がある．

【長所】
・運転台数または回転数を制御し，**安定した給水**ができる．

【短所】
・複雑な制御が行われており，故障時などの対策が必要である．
・設備費がもっとも高価である．

給水量

建物の種類や規模，時間帯や季節などによって，水の使用量が違ってくる．表4・1に建物種類別1人当たりの給水量・使用時間を示す．

建物に供給する給水量を決定するには，使用人員による方法と器具数による方法があり，両者を満足させる給水量を選ぶ必要があるが，ここでは，一般的な使用人員による方法を示す（121ページ，表4・1内の有効面積当たりの人員を参照）．

❶ 1日の総給水量の算定　　　　　　　　　　$Q = v \times N$

　　　受水槽決定　　　　　　　　　　　　（123 ページ参照）

❷ 時間平均給水量の算定　　　　　　　　　$Q_H = \dfrac{v \times N}{H}$

❸ 時間最大給水量の算定　　　　　　　　　$Q_{H\max} = Q_H \times 1.5 \sim 2$

　　　揚水ポンプ決定　　　　　　　　　　（123 ページ参照）

❹ 瞬時最大給水量の算定　　　　　　　　　$Q_{HP} = Q_H \times 3 \sim 4$

　　　圧力給水ポンプ等直接給水栓へ送るポンプ決定　　（123 ページ参照）

ここに，Q：1日の総給水量〔L/日〕，Q_H：時間平均給水量〔L/h〕，
$Q_{H\max}$：時間最大給水量〔L/h〕，Q_{HP}：瞬時最大給水量〔L/h〕，
v：1人1日平均給水量〔L/人・日〕，N：人員〔人〕，
H：建物における1日平均使用時間〔h〕

表 4・1　建物種類別 1 人当たりの給水量・使用時間

建築物種類	1日平均使用水量〔L〕	1日平均使用時間〔L〕	使用者	有効面積当たりの人員
事務所	60～100	9	在勤者1人当たり	事務室 0.2 人/m²
総合病院	1500～3500	16	1病床当たり	
劇場・映画館	25～40	14	延べ面積1m²当たり	客室 1.5 人/m² ロビー 0.25 人/m²
デパート	15～30		延べ面積1m²当たり	売場 0.5 人/m²
喫茶店	20～30	10	客1人当たり	
飲食店	55～130	10		食堂 0.7 人/m²
社員食堂	25～50		1食当たり	
住宅	200～400	10		0.16 人/m²
アパート	200～350	15		0.16 人/m²
ホテル クラブハウス	350～450	12	客1人当たり	
小・中学校・高等学校	70～100	9	生徒1人当たり 教師1人当たり	教室 0.7 人/m²
図書館	25	6	閲覧者1人当たり	閲覧者 0.6 人/m²

給水圧力

給水の状態は，給水圧力によって大きく左右されることがある．表4・2に器具の最低必要圧力を示す．

大便器洗浄弁の最低必要圧力は，通常のもので **70 kPa**，低圧作動のもので 40 kPa 程度である．

給水圧力は，一般的に **400～500 kPa（0.4～0.5 MPa）以下** とし，これ以上の圧力であると減圧弁を取り付けること．

高層建築物では，水栓，器具などの給水圧力が 500 kPa，大便器洗浄弁にあっては 400 kPa を超えないようにする．

表4・2 器具の最低必要圧力

器 具	必要圧力〔kPa〕
一般水栓	30
洗浄弁（FV）	70
シャワー	70
瞬間湯沸器	
（小）	40
（中）	50
（大）	80

管内流速

管内流速は 0.6～2.0 m/s 以下（平均 1.5 m/s）にするのが望ましい．

給水圧力および流速が大きいと，給水器具や食器類が破損しやすくなる．また，ウォータハンマの原因となりやすい．

ウォータハンマ

水による衝撃作用をいう．配管内の流速が速くなり，流水音を発生したり，配管内の流れを急閉したり，停電によりポンプが停止したときに衝撃音が発生し，振動や騒音を起こしたりする現象．

弁急閉鎖によるウォータハンマの水撃圧は，水が流れていたときの流速に比例する．

（1） ウォータハンマの原因

❶ 配管延長が長く，その経路が不適当な場合．
❷ 急閉鎖形の弁や水栓が使用されている場合．
❸ 配管内の圧力が高い場合や流速が速い場合．
❹ 配管内に不適当な逆流や空気だまりが発生する場合．

（2） ウォータハンマの防止対策

❶ 水栓類や弁類は，急閉止するものをなるべく使用しないようにする．
❷ 常用圧力を過度に高くしない．また，流速を過度に速くしないこと．

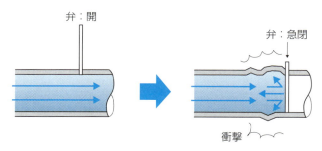

図4・13 水配管内におけるウォータハンマの発生状況

❸ 配管内に不適当な逆流や空気だまりを発生させない．
❹ 高置水槽に給水する揚水管の横引き配管は，できるだけ下層階で配管を展開することが望ましい．
❺ 給水管内の流速は，一般に **2.0 m/s 程度以下**とする．
❻ 発生の原因となる弁などの近くに**エアチャンバ**（水撃防止器具：管内の圧力変動を吸収するもの）を設ける．

機器の大きさ

受水槽，高置水槽，揚水ポンプについて，容量および寸法の求め方を次に示す．

受水槽容量および寸法の求め方

(1) 容量　　$V = \dfrac{Q}{2}$

ここに，V：受水槽容量〔L〕
　　　　Q：1日の総給水量〔L/日〕
　　　　2：水道局の指導により1日の使用水量の 4/10〜6/10 とする．指導のない場合は 5/10（半日分）とする．

(2) 寸法　　FRP製パネルの場合，できるだけ 500 mm 単位とし，水槽上部に 20〜30% 空隙をとること．たとえば，8000 L の容量の場合，2500(W)×2000(D)×2000(H) となる（設置状態や周囲状況などから寸法は変わる）．

高置水槽容量および寸法の求め方

(1) 容量　　$V_H = Q_{H\max} \times 0.5 \sim 1$

ここに，V_H：高置水槽容量〔L〕
　　　　$Q_{H\max}$：時間最大給水量〔L/h〕

(2) 寸法　　受水槽と同じ考えとする．受水槽と同様，設置高さを考慮に入れて決定すること．

揚水ポンプの求め方

(1) 揚水量　　$Q_P = \dfrac{Q_{H\max}}{60}$

ここに，Q_P：揚水量〔L/min〕
　　　　$Q_{H\max}$：時間最大給水量〔L/h〕

(2) 揚程　　$H = H_a + H_f + \dfrac{v}{2g}$

ここに，H：揚水ポンプの全揚程〔m〕
　　　　H_a：実揚程（ポンプと高置水槽間の距離）〔m〕
　　　　H_f：吸込管と吐出管の摩擦損失水頭〔m〕
　　　　$\dfrac{v}{2g}$：速度水頭〔m〕

解いて理解！

共同住宅100戸（ただし，一戸3LDK，一戸当たりの住人4人）における受水槽・高置水槽・揚水ポンプの容量およびタンクの寸法，ポンプの揚程を求めよ．

【解　答】

・受水槽

① 受水槽容量：1日の総給水量を求め，その総給水量の半日分とする．

まず，人員算定をし，100戸×4人＝400人

表4・1より，1人当たり250 L/日

$$1日の総給水量：250 \text{ L/日} \times 400 \text{人} = 100000 \text{ L/日}$$

$$総給水量の半日分：\frac{100000 \text{ L/日}}{2} = 50000 \text{ L} \rightarrow 50 \text{ m}^3 \text{（有効容量）}$$

② 受水槽の大きさ：6000(W)×4000(D)×3000(H)（水槽上部の空隙率約30%）

・高置水槽

① 高置水槽容量：時間平均給水量，時間最大給水量を求める．

$$時間平均給水量：\frac{100000 \text{ L/日}}{10 \text{ h}} = 10000 \text{ L/h}$$

時間最大給水量は時間平均給水量の1.5～2倍とするため，2を乗ずると，

$$時間最大給水量：10000 \text{ L/h} \times 2 = 10000 \text{ L/h}$$

② 高置水槽の大きさ：時間最大給水量の0.5～1倍のため，1を乗ずると，

$$20000 \text{ L/h} \times 1 = 20000 \text{ L/h} \rightarrow 20 \text{ m}^3 \text{（有効容量）}$$

$$3500(W) \times 3000(D) \times 2500(H) \text{（水槽上部の空隙率約24%）}$$

・揚水ポンプ

① 揚水ポンプ容量：時間最大給水量を求める．

時間最大給水量は時間平均給水量の1.5～2倍とするため，2を乗ずると，

$$時間最大給水量：10000 \text{ L/h} \times 2 = 20000 \text{ L/h}$$

毎分とすると，

$$\frac{20000 \text{ L/h}}{60 \text{ min}} \fallingdotseq 333 \text{ L/min}$$

揚水ポンプの揚程は概算でも求めることができる．もし，高置水槽が30 mの位置にあった場合，1.1～1.2（配管長さおよび曲がりの多さによる）を乗ずる．

$$30 \text{ m} \times 1.2 = 36 \text{ m}$$

揚水量と揚程を算出したら，メーカカタログよりポンプ口径や動力を求める．

【参考】

参考として，ポンプの電動機容量（動力）は，次式による．

$$M = \frac{0.163 \times QH}{\eta} K$$

ここに，M：電動機容量〔kW〕，Q：吐出量〔m³/min〕（1 m³/min＝1000 L/min），H：揚程〔m〕，η：ポンプ効率（ポンプ特性曲線による），K：伝達係数（直結1.1～1.2）

タンク類の法的基準

給水タンクおよび貯水タンク（受水槽，高置水槽など）の設置および構造に関して，建設省告示第1597号などに次のように規定されている．建築物の内部，屋上または最下階の床下に設ける場合においては，次に定めるところによること（図4・14）．

❶ 外部から給水タンクまたは貯水タンク（以下「給水タンク等」という）の天井，底または周壁の保守点検を容易かつ安全に行うことができるように設けること．
- 貯水槽の**下部，周囲は 600 mm 以上，上部は 1000 mm 以上**の保守点検のためのスペースを確保する．
- 貯水槽の天井および床には，1/100 以上の勾配をつける．

❷ 給水タンクなどの天井，底または周壁は，建築物のほかの部分と兼用しないこと．
- 容量が大きい場合には，迂回壁（間仕切り壁）を設ける．

❸ 内部には，飲料水の配管設備以外の配管設備を設けないこと．

❹ 内部の保守点検を容易かつ安全に行うことができる位置に，ほこりその他衛生上有害なものが入らないように有効に立ち上げたマンホール（**直径 60 cm 以上**の円が内接することができるものに限る）を設けること．ただし，給水タンクなどの天井がふたを兼ねる場合においては，この限りでない．

❺ ❹のほか，水抜き管を設けるなど内部の保守点検を容易に行うことができる構造とすること．

❻ ほこりその他衛生上有害なものが入らない構造のオーバフロー管を有効に設けること．
- 水槽の通気管およびオーバフロー管には，防虫網を設ける．
- オーバフロー管および水抜き管は間接排水とし，十分な吐水口空間を設け排水管に接続する．

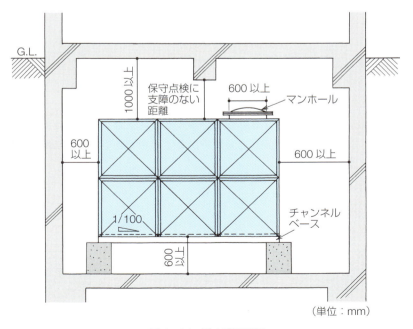

図4・14 受水槽の設置

給水設備用語

❶ **クロスコネクション**（cross connection）：飲料水系統の配管とその他の系統（雑排水管，汚水管，雨水管，ガス管など）の配管を接続することをいう．クロスコネクションすると水の汚染につながるので禁止されている．たとえば，上水配管と井水（井戸の水）配管とを逆止弁および仕切弁を介して接続してもクロスコネクションとなる．滅菌され飲み水としている井水でも禁止されている．

❷ **逆サイホン作用**（back siphonage）：断水や過剰流量のとき，給水管内が負圧（大気圧より低い空気の圧力）になることがあり，いったん吐水された水が逆流し（吸い込まれ）給水管の内に入る作用をいう．たとえば，お風呂でシャワーを使っていて，シャワーハンガ（シャワーヘッドを掛ける器具）があるのによく洗面器の中にシャワーヘッドを入れている光景が見られるが，急に蛇口を止めると逆サイホン作用により汚染された水が給水管内に逆流してしまう．

❸ **バキュームブレーカ**（vacuum breaker）：バキュームブレーカは，給水系統へ汚水が逆流するのを防止する器具のことをいう（図 4・15）．常に水圧がかかる箇所に用いられる圧力式と，一時的に水圧がかかる箇所に用いられる大気圧式があり，洗浄弁付き大便器に付いているものは大気圧式である．大気圧式バキュームブレーカは，大便器洗浄弁の大便器側のように，常に圧力がかからない箇所に設け，器具のあふれ縁より上部に設置するようにする．

❹ **あふれ縁**（flood level rim）：衛生器具におけるあふれ縁とは，洗面器などが満水になったとき，水があふれる縁の部分をいう（図 4・16）．水槽類のあふれ縁は，オーバフロー（溢れ）口の位置になる．

❺ **吐水口空間**（air gap）：給水栓または給水管の吐水口端（水が出てくる口の端）とあふれ縁との垂直距離をいう（図 4・16）．必ず吐水口空間をとらないと，逆流して水の汚染につながる．よって，逆サイホン作用の防止には，吐水口空間の確保が必要である．

❻ **キャビテーション**（cavitation）：ポンプ内や高速で流れる水の中での低圧部分が気化（液体が気体に変わる現象）して蒸発し，気泡が発生する現象をいう．ポンプなどによってキャビテーションが発生すると，性能が低下し，金属音や振動の発生，侵食（少しずつ侵し，食い込むこと）の原因となる場合がある．

❼ **サージング**（surging）：ポンプを運転しているとき，息をつくような運転状態になって，ポンプ出入口の圧力計および連成計（正圧と負圧を計ることができる装置）の針が振れ，吐出し量が変化してしまう状態をいう．

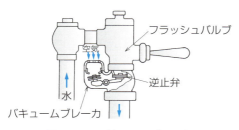

図 4・15　バキュームブレーカ

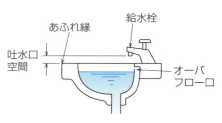

図 4・16　あふれ縁と吐水口空間

ここが大事！

❶ 住宅においてのトラブル………水圧不足のトラブル①

【水道直結方式が適用されるか確認するための式】

給水設備において水圧のトラブルが絶えないのは，最初の設計における給水の圧力の選定が悪いからである．これには，十分な調査が必要となる．まず，役所または各地域の水道局で，水道を引き込む場所の水道本管の水圧がどのくらいあるかを調べる．住宅において2階に風呂がある場合，シャワーが使えないというようなことがあったらたいへんなので，その水圧が十分かどうかは，下記の式で調べる．

$$P \geq P_1 + P_2 + P_3$$

ここに，P ：水道本管の圧力
　　　　P_1：水道本管から最高位の器具類（水栓など）まで押し上げるのに必要な圧力〔kPa〕
　　　　　　　100 kPa＝0.1 MPa≒10 mAq
　　　　P_2：水道本管から最高位の器具類までの配管内を通るのに必要な圧力（摩擦損失水頭）〔kPa〕
　　　　P_3：機器・器具類の最低必要圧力〔kPa〕……122ページ表4.2を参照

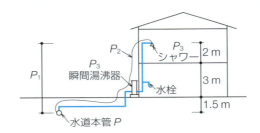

図4・17 水道直結方式における圧力

❷ 高層ビルにおいてのトラブル………水圧不足のトラブル②

【高置水槽方式における高置水槽の設置高さ】

よく，マンションなどで「最上階に住むと水圧が足らないからやめたほうがよい」などという人がいるが，これは，高置水槽の高さに問題がある．高さが低いと水圧が足りなくなる場合がある．一般的に最上階の床から高置水槽底部までを10 mとすると問題ない．また，下記の式で調べることができる．

$$H \geq H_1 + H_2$$

ここに，H ：最高位の器具類（最悪条件）から高置水槽の最低水位面までの実高〔m〕
　　　　H_1：最高位における機器・器具類の最低必要圧力に相当する高さ〔m〕
　　　　H_2：高置水槽から最高位の器具類までの配管内を通るのに必要な圧力（摩擦損失水頭）に相当する高さ〔m〕

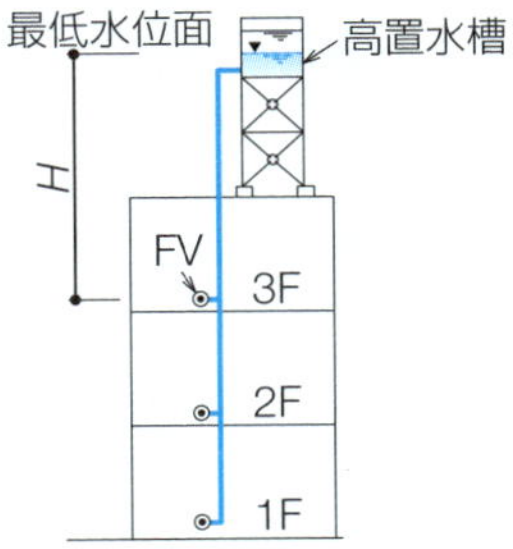

図4・18 高置水槽方式における圧力

4-4 お湯をつくる設備（給湯設備）

　人間は，水を温めお湯をつくり，お茶を飲んだり風呂に入ったりする．そのお湯は，ボイラや湯沸器によってつくられる．

給湯方式

　給湯方式には，局所式と中央式がある．
　（1）局所式　それぞれお湯を必要とする場所（台所など）に湯沸器を設置し，個別に給湯する方式である．
　（2）中央式　機械室，ボイラ室などにボイラ，湯沸器を設置し，それぞれお湯を必要な場所に給湯する方式である．

加熱方式

　加熱方式には，瞬間式と貯湯式がある．
　（1）瞬間式　瞬間湯沸器を用い，水道水を直接湯沸器に通過させて，瞬間的に温めお湯をつくる方法をいう．小規模な建物（住宅など）に多く用いられている．
　（2）貯湯式　ボイラなどで加熱したお湯を，いったん貯湯槽（ストレージタンク）に蓄え，常にお湯を温め使用するときにそのお湯を給湯する方法をいう．大規模な建物（ホテルなど一斉にお湯を使用する建物）に多く用いられている（図4・19参照）．

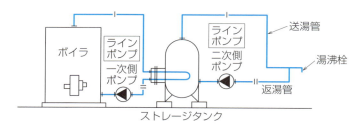

図4・19　加熱方式（貯湯式）

加熱機器

　加熱機器には，瞬間湯沸器やボイラ，電気温水器などがある．また，CO_2排出量削減ということで，最近は，マンションや一般家庭では深夜電力を利用したヒートポンプ給湯器（エコキュート）や，ガスを利用し，床暖房から給湯，追炊き，乾燥までできるガス温水機器（TES）などが使用されている．ここでは，瞬間湯沸器について述べることにする．
　（1）瞬間湯沸器　瞬間湯沸器には，元止め式と先止め式がある．

❶ **元止め式**：瞬間湯沸器に付いているスイッチにより，お湯を出したり止めたりする方式で，流しの上部に取り付けてある小さな瞬間湯沸器（一般的に 5 号，6 号といわれる湯沸器）は，すべてこれである．

❷ **先止め式**：一般的に屋外に設置してある瞬間湯沸器（16 号，20 号，24 号程度の湯沸器）を配管により各所の水栓へと給湯し，それぞれの給湯栓（水栓）の開閉によって出したり止めたりする方式をいう．

> 号数は，水温を 25℃ 上昇させるときの流量（L/min）の値をいう．
> 1 号：1.75 kW 1 分間当たり 1 L の湯量

（2） 瞬間湯沸器の始動 水の圧力によって行われる．水圧が弱いと着火しない（図 4・20）．

❶ 水を流すとオリフィスの作用（水量を少なくする）で A（全圧），B（静圧）に圧力差が生じる．

❷ この圧力差でスピンドルをバネのほうに押してガス路を開く．

❸ ガスは種火の状態にあって着火し，プレートフィンを通し温水にする．

❹ ダイヤフラム式の場合，小型湯沸器で 40 kPa 以上，大型湯沸器で 80 kPa 以上の水圧がなければ作動しない．

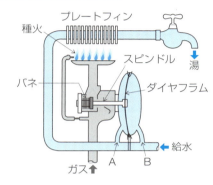

図 4・20 瞬間湯沸器の構造

給湯温度

給湯温度は，一般的に **60℃ 程度の湯と水を混合して適当な温度とする**．用途別使用温度は，浴用（成人）42～45℃，洗面・手洗い用 40～42℃，厨房用（一般）45℃，厨房用（皿洗い機洗浄用）60℃，厨房用（皿洗い機すすぎ用）70～80℃ 程度である．

給湯量・貯湯容量・加熱能力

機械室などの大きさを検討するために，給湯量を算出し，熱源機器および貯湯槽の大きさを求める必要がある．給湯量を求める場合，使用人員による方法と器具数による方法がある．一般的方法として，使用人員による方法をここに示す．表 4・3 をもとに算出する．

（1） 給湯量の求め方 1 日の総給湯量は，次式より求められる．

$$Q_D = N \times q_d \times \frac{60 - t_c}{t_h - t_c}$$

ここに，Q_D：1 日の総給湯量〔L/日〕
　　　　N：給湯対象人員〔人〕
　　　　q_d：1 日 1 人当たりの給湯量〔L/日・人〕
　　　　t_c：給水温度〔℃〕
　　　　t_h：給湯温度〔℃〕

4章　給排水・衛生設備

（2）貯湯容量の求め方　貯湯容量（貯湯槽の容量）は次式より求められる．

$$V = Q_D \times v$$

ここに，V：貯湯容量〔L〕

v：1日の給湯量に対する貯湯割合

（3）加熱能力の求め方　加熱能力は次式より求められる．

$$H_c = 4186 Q_D \times \frac{e(t_h - t_c)}{3.6 \times 10^6}$$

ここに，H_c：加熱能力〔kW〕

e：1日の給湯量に対する加熱能力の割合

加熱能力が求まると，ボイラが決定する．ボイラについては2-6「エネルギーをつくる機器」の「ボイラ」（44〜46ページ）を参照のこと．

表4・3　建物種類別給湯量

建物の種類	1人1日当たり給湯量 q_d〔L/日・人〕	1日の使用に対する必要な1時間当たり最大値の割合 q_h	1日の使用量に対する貯湯割合 v	1日の使用量に対する加熱能力の割合 e
住宅・アパート・ホテル	75〜150（60℃）	1/7	1/5	1/7
事務所	7.5〜11.5（60℃）	1/5	1/5	1/6
工場	20（60℃）	1/3	2/5	1/8
レストラン（3食/日）		1/10	1/5	1/10
レストラン（1食/日）		1/5	2/5	1/6

（ASHRAE 1964）

解いて理解！

延べ面積3000 m²の事務所ビル（ただし，有効面積65％，用途は手洗・洗面，給水温度5℃，給湯温度60℃）における給湯量，貯湯容量，加熱能力を求めよ．

【解　答】

・給湯量

事務所ビルにおける1日の総給湯量を求める．まず，事務室の居住人員を1 m²当たり0.2人とし（99ページ表3・2参照），人員算定すると，

$$0.2 \text{人/m}^2 \times 3000 \text{ m}^2 \times 0.65 = 390 \text{人}$$

次に，表4・3より，1人1日当たりの給湯量を7.5 L/日・人とし，1日の総給湯量は，

$$390 \text{人} \times 7.5 \text{ L/日・人} \times \frac{60℃ - 5℃}{60℃ - 5℃} = 2925 \text{ L/日}$$

・貯湯容量

表4・3の，1日の使用量に対する貯湯割合から，1日の総給湯量の1/5を貯湯容量とする．

$$2925 \text{ L/日} \times 1/5 = 585 \text{ L}$$

・加熱能力

表4・3の，1日の使用量に対する加熱能力の割合から，1日の総給湯量の1/6を加熱能力とする．

$$4186 \times 2925 \text{ L/日} \times \frac{1}{6} \times \frac{60℃ - 5℃}{3.6 \times 10^6} \fallingdotseq 31.2 \text{ kW}$$

給湯配管方式

給湯方式は，配管方式と供給方式によって次のように分類される．

図4・21 給湯方式の分類

ここでは，強制式について述べることにする．

湯は自然に循環するが，大規模の場合は給湯循環ポンプにて強制的に循環させる．循環量は，配管および機器などからの熱損失量を給湯管と返湯管の温度差で除して求める．

$$W=\frac{3600 \times Q_L}{4186 \times 60 \times \Delta t}=\frac{0.86\, Q_L}{60 \Delta t}$$

ここに，W：循環湯量〔L/min〕
　　　　Q_L：配管・弁・ポンプなどの循環管路からの熱損失〔W〕
　　　　Δt：給湯管・返湯管の温度差〔℃〕
　　　　湯の定圧比熱＝4186〔kJ/kg・K〕

給湯循環ポンプ

❶ 湯を循環させることにより配管内の湯の温度の低下を防ぐために用いる．
❷ 給湯管と返湯管との温度差は5℃程度である．
❸ 一般に，循環ポンプは返湯管側に設ける．

安全装置

加熱により水の膨張が装置内の圧力を異常に上昇させることを防ぐために設ける装置で，法令上，材質，構造，性能，設置の規制がある．

（1）膨張タンク　膨張タンクには開放型と密閉型があり，ボイラや配管内の膨張した水を吸収するものである．

（2）安全弁　安全弁は自動圧力逃し装置のことで，単式安全弁と複式安全弁がある．

（3）逃し管　給湯ボイラや貯湯槽の逃し管は単独配管とし，膨張タンクに開放する．

ここが大事！

* Q機能付きガス循環湯沸器：冷水サンドイッチ現象（お湯を止めた後，再びお湯を出すと，シャワーが熱くなったり，冷たくなったりする現象）に対応する機能を有する湯沸器のこと．
* 中央式給湯設備の場合の給湯温度は，レジオネラ症の発生を防ぐために，55℃以下にしないほうがよい．
* ガス瞬間湯沸器は，冬期におけるシャワーと台所におけるお湯の同時使用に十分に対応するためには，24号程度の能力のものが必要である．

4-5 排水や流れをよくする設備（排水・通気設備）

排水・通気設備は排水をスムーズに建物や敷地の外に放流するための重要な設備であり，適切な排水勾配や通気設備が必要である．また，排水管は室内の衛生器具と下水道管を結んでいるため，下水道管内の臭気や害虫が室内に侵入しないようトラップなどが設けられている．

排水設備

排水方式

排水には，汚水，雑排水，雨水，湧水および特殊排水（化学系排水や放射能性排水など有害，有毒を含む排水）に区分される．排水方式には，合流式と分流式がある．表4・4に示す．

表4・4 排水方式

方式	建物内排水系統	敷地内排水系統	下水道
合流式	汚水＋雑排水	汚水＋雑排水	汚水＋雑排水＋雨水
		雨水	
分流式	汚水	汚水	汚水＋雑排水
		雑排水	
	雑排水	雨水	雨水

排水管

排水管の設置，施行において，以下の事項を守らなければならない．
1. 衛生器具のトラップ口径以上で，かつ30A以上とする．
2. 流下方向に管径を縮小してはならない．
3. 排水立管は最下部のもっとも大きい排水負荷により決定する．上階に行くほど細くなる，いわゆる「たけのこ配管」にしてはならない．
4. 地中埋設配管は，50A以上とする．

排水勾配と流速

建物内の排水横管の一般的な勾配を表4・5に示す．管内流速は0.6〜2.4 m/s以下（平均1.2 m/s）にするのが望ましい．勾配が小さいと流速が遅くなり，排水が流れにくい．また，大きいと流速が早くなり排水のみが流れ，汚物などの固形物が残ってしまい，詰まる原因となる．

表4・5 排水勾配

管径A〔mm〕	勾配
65以下	1/50
75，100	1/100
125	1/150
150以上	1/200

（SHASE-S 206-2009）

掃除口

排水管内の清掃や点検を行うために掃除口を設ける．掃除口は，起点や曲部など詰まりやすい箇所や排水横管が長い場合に設ける．

排水ます

敷地内に埋設し，配管をする場合に，清掃や点検を行うため排水ますを設ける．排水ますは掃除口の役目を担うが，排水の種類や目的によって構造が異なる．

❶ **雨水ます**：雨水排水管に接続され，雨水中に混在する泥などが排水管に流れ込まないように泥だめが設けられている（図4・22）．

❷ **インバートます（排水ます）**：固形物を含む排水が円滑に流れるよう，底部にインバート（溝）が設けられている（図4・23）．

❸ **トラップます**：雨水排水管と一般排水管を敷地内で接続する場合，一般排水管や下水道からの臭気や害虫が雨水排水管へ侵入するのを防ぐようトラップの機能を有している（図4・24）．

❹ **ドロップます**：敷地に段差があり，適切な排水勾配を設けることができない場合に設置をする．

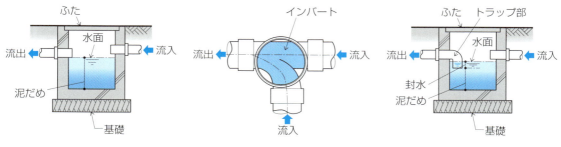

図4・22 雨水ます　　図4・23 塩ビ製小口径インバートます　　図4・24 トラップます

間接排水

冷蔵庫など飲食物を扱う機器や飲料用水槽，空調機などの排水は，間接排水とする．これは，接続する一般排水管内で詰まりが生じ，排水の逆流による機器の汚染を防ぐものである．間接排水は排水口空間を確保し，ホッパなどに開放の後，一般排水系統に排水をする（図4・25）．

排水トラップ

排水トラップは，排水管や下水道管内の臭気や害虫が衛生器具を通して室内に侵入しないように設ける．トラップはサイホン式と非サイホン式に区分される．トラップの種類には，図4・26に示すようなものがある．また，トラップは封水深を5cm以上10cm以下（阻集器を兼ねたトラップは5cm以上）と規定されている（図4・27）．

何らかの原因で，トラップ内の水位が下がり排水管内の空気が室内に流れ込む現象を破封という．破封の原因を次に述べる（図4・28）．

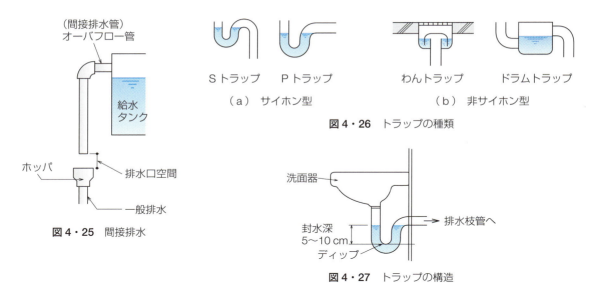

図 4・25　間接排水

図 4・26　トラップの種類

図 4・27　トラップの構造

（a）**自己サイホン作用**：特に S トラップに接続した洗面器に多く，洗面器に水を溜め，一気に流すと管内が満水状態となりサイホン作用が起き，排水管側に吸い込まれてしまう現象．
（b）**跳ね出し作用**：跳び出し作用ともいい，排水立て管が満水状態（多量）で流れたとき空気圧力が高くなり，逆に室内側にトラップ内の水が跳ね出すことがある．
（c）**吸込み作用**：吸出し作用ともいい，排水立て管が満水状態で流れたとき，トラップの器具側が負圧となり，立て管の方へと引っ張られ，サイホン作用を起こすことがある．
（d）**蒸発作用**：器具を長期間，使用していないと，トラップ内の水が蒸発して封水が破られることがある．
（e）**毛管現象**：トラップ部に毛髪や布糸などが引っかかっていると，毛管作用で封水が破られることがある．

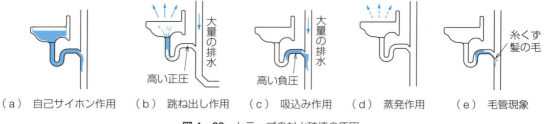

図 4・28　トラップの封水破壊の原因

阻集器

阻集器とは，排水に含まれる有害な物質などを分離，収集し，分離した排水のみ流すものである．たとえば，営業用厨房では，排水内に多くの油脂分が含まれている．これをそのまま流すことにより，詰まる原因となる．そのため，グリース阻集器を設け，油脂分を分離し排水する．阻集器には，洗車場や給油所に設置されるオイル阻集器や，美容院や理髪店などの洗髪器内の毛髪を分離する毛髪阻集器などがある．また，阻集器の多くはトラップ機能を有している（図 4・29）．

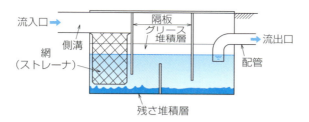

図4・29 阻集器の構造

> **ここが大事！**
>
> **＊二重トラップの禁止**
>
> 器具1個に対しトラップ1個が原則である．直列に2個以上のトラップが設置されると，二重トラップとなり禁止されている．これは，トラップ間の空気が密閉状態となることで水が流れなくなってしまうことがあるためである．

通気設備

通気の役目

❶ 排水管内の流れをスムーズにする．
❷ トラップの封水を保護する（排水管内の圧力変動を緩和する）．
❸ 排水管内を換気し，清潔に保つ．

通気方式

通気方式には，各個通気方式，ループ通気方式，伸頂通気方式，特殊継手排水方式がある．その他に補助的な通気方式がある．

❶ **各個通気方式**：系統すべての器具から通気管を取り出す方式．
❷ **ループ通気方式**：もっとも一般的な方法で，2個以上のトラップを保護するものである．図4・30のように，その系統の末端器具の下流側から通気管を取り出す方式である．器具が8個以上ある場合には，逃し通気管をとるとよい．また，ループ通気管は，図4・30のように，その階における最高位の器具のあふれ縁より150 mm以上立ち上げ，通気立て管に接続しなければならない．
❸ **伸頂通気方式**：排水立て管の頂部を延長し大気に開放する方式．
❹ **特殊継手排水方式**：伸頂通気の一種で，特殊排水継手内にガイドを設け，排水の減速とともに管内の負圧を緩和することで，通気管の機能を持たせたものである．高層の集合住宅やホテルの客室排水に採用されている．

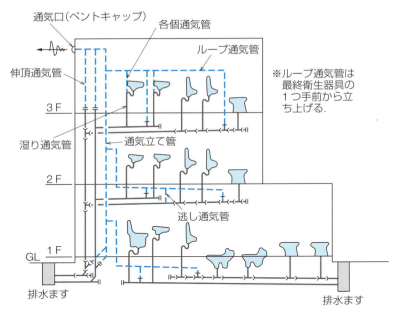

図 4・30　排水・通気系統図

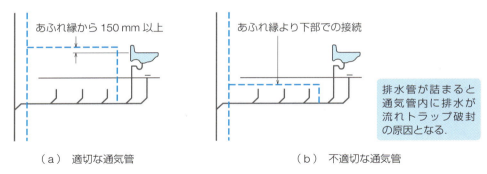

図 4・31　ループ通気管の接続方法

通気管の取出し

❶ 排水横管から取り出す場合は，垂直ないし 45°以内の角度で取り出す．

❷ 通気立て管の下部は，最低位の排水横技管より低い位置で排水立て管に接続するか，または排水横主管に接続する（図 4・32）．

❸ 通気立て管の上部は，そのままの管径で大気に開放させるか，最高位の衛生器具のあふれ縁より 150 mm 以上立ち上げて伸頂通気管に接続する（図 4・33）．

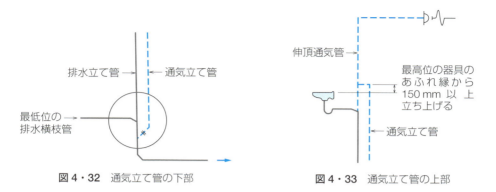

図4・32　通気立て管の下部　　図4・33　通気立て管の上部

通気管の禁止事項および注意点

❶ 雨水立て管に通気立て管の接続禁止．
❷ 換気ダクトとの接続禁止．
❸ 管内の水滴が自然流下で排水管へ流れるように勾配を設ける．

通気管の大気開口部

通気管末端の大気開口部と窓や出入口などとの関係について図4・34に示す．

❶ 通気管の末端を，窓・換気口などの付近に設ける場合は，それらの上端から60 cm以上立ち上げて開口するか，開口部から水平に3 m以上離して開口する．
❷ 通気管の末端の有効開口面積は，管内断面積以上とし，防虫網を取り付ける．
❸ 通気管の末端は，建物の張出しの下部に開口してはならない．
❹ 屋上に通気管を立ち上げて開口する場合は，20 cm以上立ち上げること．また屋上を庭園，物干し場などに使用する場合は，通気管は2 m以上立ち上げた位置で開口する．

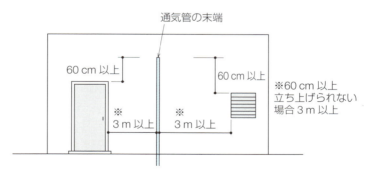

図4・34　通気管と大気開口部の関係

ここが大事！

＊排水槽と排水ポンプ

　排水槽は，貯留する排水によって汚水槽，雑排水槽，雨水槽，湧水槽に分類される．排水槽は，通気管以外の部分から臭気が漏れない構造とし，内部の保守点検ができるようマンホールを設ける．底部は吸込みピット（排水ピット）を設け，排水の滞留や汚泥ができるだけ生じないように，ピットに向かって勾配を設ける（1/15〜1/10の勾配）．吸込みピットは，フート弁（吸込み弁）や水中ポンプの吸込み部の周囲および下部に20 cm以上の間隔を持った大きさとする．また，水中ポンプは流入部を避けた位置に設置する．

・排水槽には点検・清掃のため，ポンプの直上に内径60 cm以上のマンホールを設ける．
・排水槽の通気管は単独とし，管径は最小50 mm以上とする．

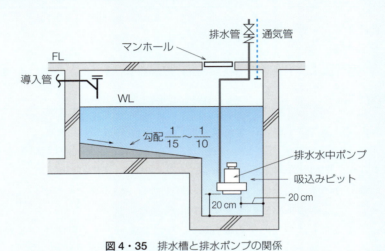

図4・35　排水槽と排水ポンプの関係

4-6 火災が起きたときに必要な設備（消火設備）

火災が起きた際には，いち早く火を消し，人の生命および財産を守らなければならない．消火設備は，初期の消火活動を行うための設備である．火災の種類，建物の用途などにより消火方法や設置基準がある．

消防用設備等

消防用設備等とは，消防法施行令（第7条）によると，消防の用に供する設備（消火設備，警報設備，避難設備）と，消防用水および消火活動上必要な施設をいう．消防用設備等を表4・6に示す．

表4・6 消防用設備等の分類

消防用設備等			内容
消防の用に供する設備	消火設備		・消火器および簡易消火用具（水バケツ，水槽，乾燥砂など） ・屋内消火栓設備　　　・スプリンクラー設備 ・水噴霧消火設備　　　・泡消火設備 ・不活性ガス消火設備　・ハロゲン化物消火設備 ・粉末消火設備　　　　・屋外消火栓設備 ・動力消防ポンプ設備
	警報設備		・自動火災報知設備　　・ガス漏れ火災警報設備 ・漏電火災警報器　　　・消防機関へ通報する火災報知設備 ・非常警報器具および非常警報設備
	避難設備		・すべり台，避難はしご，救助袋，緩降機，その他の避難器具 ・誘導灯および誘導標識
消防用水			・防火水槽，またはこれに代わる貯水池その他の用水
消火活動上必要な施設			・排煙設備　　　　　・連結散水設備 ・連結送水管　　　　・非常コンセント設備 ・無線通信補助設備

火災の種類

火災が起きるには，可燃物・熱・酸素の3つの要素が必要である．これを燃焼の三要素という．また，これに燃焼の連鎖反応を加えて，燃焼の四要素としている．

可燃物によって火災の種類が分けられている．
・一般火災（A火災）：木材や紙など一般的な可燃物による火災
・油火災（B火災）：可燃物が油やガソリンなどによる火災
・電気火災（C火災）：電気設備などの火災
・金属火災（D火災）：マグネシウムやリチウムなどによる火災
・ガス火災：都市ガスや液化石油ガスなどによる火災

消火原理

燃焼の三要素のうち，1つ以上を取り除くことで消火をすることができる．消火設備は除去の方法によって区別され，冷却法，窒息法，希釈法，負触媒（抑制）法がある．

❶ 冷却法は，燃焼している物体に水などをかけて冷却効果を与え，消火する方法である．
❷ 窒息法は，燃焼しているところへ酸素（空気）が行かないようにし，窒息効果により消火する方法である．
❸ 希釈法は酸素濃度を低下させ消火する方法である．
❹ 負触媒法とは，冷却する，酸素を断つ，燃焼物を除去することにより，火の中で起こる化学的な連鎖反応を中断させ，消火する方法である．

火災の種類により消火方法も異なるため，注意をしなければならない．

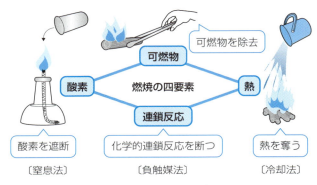

図4・36　消火設備の消火原理

屋内消火栓設備

屋内消火栓設備の種類

屋内消火栓設備は，建物関係者や私設消防隊が初期消火活動を行うことを目的としたものである．種類には，1号消火栓，易操作性1号消火栓，2号消火栓，広範囲型2号消火栓がある．

技術基準を表4・7に示す．

表4・7　屋内消火栓設備の技術基準

	1号消火栓	易操作性1号消火栓	2号消火栓	広範囲型2号消火栓
水平距離（警戒範囲）〔m〕	25		15	25
放水圧力〔MPa〕	0.17〜0.7		0.25〜0.7	0.17〜0.7
放水量〔L/min〕	130以上		60以上	80以上
ポンプ吐出量〔L/min・個〕	150以上×同時放水個数		70以上×同時放水個数	90以上×同時放水個数
水源水量〔m³〕	同時放水量の20分間分以上			
同時放水個数	設置台数がもっとも多い階の個数．ただし，最大で2個			

4-6 火災が起きたときに必要な設備（消火設備）

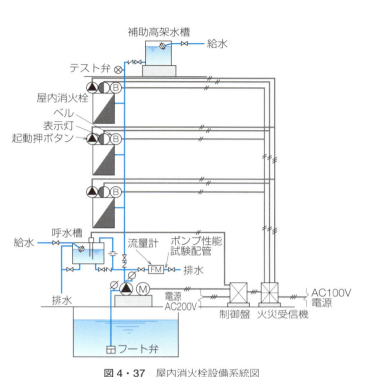

図4・37　屋内消火栓設備系統図

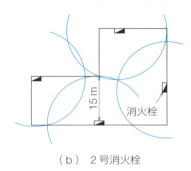

（a）1号消火栓，易操作性1号消火栓，広範囲型2号消火栓

（b）2号消火栓

図4・38　屋内消火栓の設置位置（水平距離）

❶ **1号消火栓**：一般的に多く採用されている．倉庫や指定可燃物貯蔵所のように可燃物が多い施設で採用される．操作する場合は2人必要である．
❷ **2号消火栓**：保形ホースとノズルに開閉装置があり，1人で操作ができる構造となっている．社会福祉施設などで採用されている．1号消火栓に比べ，放水量は少ない．
❸ **易操作性1号消火栓**：1号消火栓の消火能力を有し，1人で操作ができる構造となっている．
❹ **広範囲型2号消火栓**：2号消火栓に比べ，水平距離（警戒範囲）が大きいため設置個数を少なくすることができる．

屋内消火栓箱とホース，ノズル

❶ 箱の表面に消火栓と表示すること．
❷ 屋内消火栓箱の上部には，取り付ける面と15°以上の角度となる方向に沿って10m離れた場所から容易に識別できる赤色の灯火（ランプ）を取り付けること．
❸ 消火栓弁は，床面から1.5m以下の高さに設置すること．
❹ 消火栓弁の呼称：口径40A（1号消火栓），口径30A（易操作性1号消火栓），口径25A（2号消火栓，広範囲型2号消火栓）
❺ ホース：40mmの平ホース15mが2本（1号消火栓），30mm保形ホース30m（易操作性1号消火栓），25mm保形ホース20m（2号消火栓），25mm保形ホース30m（広範囲型2号消火栓）

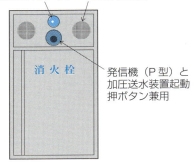
図4・39 屋内消火栓箱

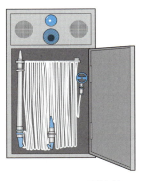
図4・40 1号消火栓

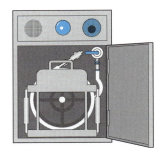
図4・41 2号消火栓

屋外消火栓設備

屋外消火栓の設置

屋外消火栓設備は，1階および2階部分の消火を行い，隣接する建物への延焼を防ぐために設置する．

屋外消火栓設備は，地下街，準地下街以外すべての対象物（建築物）に設置するものである．表4・8に構造物により設置が必要な面積を示す．ただし，建築物の地階を除く1，2階の床面積の合計によるものである．また，建築物の各部から1つのホース接続口までの水平距離は40 m以下とする．

図4・42 屋外消火栓格納箱

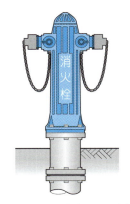
図4・43 地上式屋外消火栓（双口）

表4・8 構造物による設置面積

耐火建築物	9000 m² 以上
準耐火建築物	6000 m² 以上
その他	3000 m² 以上

スプリンクラー設備

スプリンクラー設備の種類

スプリンクラー設備は，スプリンクラーヘッドより自動的に散水し，初期消火を行うものである．スプリンクラー設備には，閉鎖型と開放型がある．

（a） **閉鎖型湿式**　通常時は，湿式流水検知装置の二次側配管が充水された状態である．火災の際にスプリンクラーヘッドが開放され，管内圧力が変動し，加圧送水装置が起動することで消火が行われる．もっとも多く採用されている．

（b） **閉鎖型乾式**　通常時は，乾式流水検知装置の二次側配管に圧縮空気が充塡されている．火災の際にスプリンクラーヘッドが開放され，圧縮空気が抜けることで加圧送水装置が起動し，消火が行われる．寒冷地など凍結のおそれのある場合に採用される．

（c） **閉鎖型予作動式**　通常時は閉鎖型乾式と同様である．火災が発生した際にスプリンクラーヘッドが開放される．また，火災感知器が作動することで予作動式流水検知装置が作動する．スプリンクラーヘッドと火災感知器の両方で火災を感知しなければ消火が行われないため，水損事故を避けたい建物で採用される．

（d） **開放型**　開放型スプリンクラーヘッドを用い，火災感知器と連動または，手動による一斉開放により，消火が行われる．劇場の舞台部など火のまわりが速い部屋などに採用される．

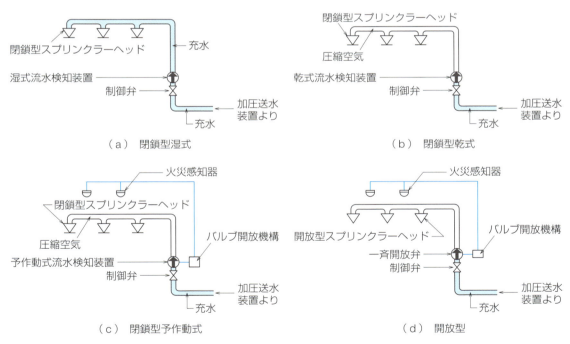

図 4・44　スプリンクラー設備の作動

スプリンクラー設備の放水圧力・放水量・ポンプ吐出量

❶ **放水圧力**：0.1～1.0 MPa
❷ **放水量**：80 L/min 以上（小区画型ヘッドは 50 L/min 以上）
❸ **ポンプ吐出量**：スプリンクラーヘッド 1 個当たり，90 L/min 以上（小区画型ヘッドは 60 L/min 以上）．ポンプ吐出量は，防火対象物およびヘッドの種類から算出個数より求める．

スプリンクラーヘッド

スプリンクラーヘッドとは，配管に取り付け火災時に放水する器具をいい，閉鎖型スプリンクラーヘッドと開放型スプリンクラーヘッドがある．閉鎖型スプリンクラーヘッドは，火災の熱で感熱部が分解することで放水される．

スプリンクラーヘッドの配置については，図 4・45 に示すヘッド間隔以内とする．有効散水半径は耐火建築物 2.3 m，耐火建築物以外 2.1 m，舞台部など 1.7 m と決められている．

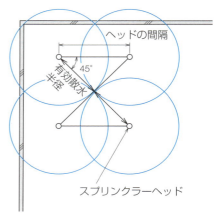

図 4・45 スプリンクラーヘッドの位置

連結送水管設備

公設消防隊の動力消防ポンプ車を使って外部の水を建物内部に送水するもので，消防隊員によって消火活動が行われる．

連結送水管の送水口の配置は，動力消防ポンプ車の到達経路，消防の進入経路を考慮し決定する．

送水口（双口型）のことをサイアミューズコネクション（図 4・46）ともいい，消防隊専用栓である．

図 4・46 サイアミューズコネクションスタンド形

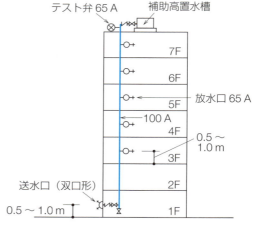

図 4・47 連結送水管設備

（1） 連結送水管設備の設置建物
❶ 地階を除く階数が7階以上のもの
❷ 地階を除く階数が5階以上のもので，延べ面積が6000 m² 以上のもの
❸ 地下街で，延べ面積が1000 m² 以上のもの
❹ 道路の用に供される部分を有するもの

（2） 放水口の設置場所
❶ 放水口は，一般の建築物では3階以上の階ごとに，地下街では地階ごとに設置する．
❷ 放水用器具付き放水口は地上11階以上の階ごとに設置する．
❸ 一般の建築物における放水口は，1つの放水口を中心に半径50 m の円で対象床面全部が包含されるように配置する．
❹ 延長50 m 以上のアーケードに連結送水管を設置する場合の放水口は，1つの放水口を中心として半径25 m の円で対象床面全部が包含されるように配置する．

連結散水設備

地階の床面積の合計が700 m² 以上のものに設置する．
連結散水設備の1つの送水区域に接続する散水ヘッドの数は，開放型のヘッドにあっては10以下，閉鎖型のヘッドにあっては20以下となるように設ける．

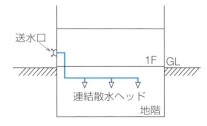

図 4・48 連結散水設備

その他の消火設備

❶ **ドレンチャー設備**：外壁や屋根などに水幕をつくり，外部からの火災の延焼を防止するものである．開放型スプリンクラー設備と同様なシステムで，重要文化財などに設置される．
❷ **水噴霧消火設備**：水噴霧ヘッドから水を噴霧することで，冷却・窒息効果により消火を行う．特に蒸発時の水蒸気膜による窒息効果が高い．水による冷却消火を避ける駐車場，道路，指定可燃物の取扱所・貯蔵所に設置することができる．
❸ **泡消火設備**：消火薬剤として，水と泡の原液を混合した泡水溶液で，可燃物を覆うことで窒息・冷却効果により消火を行う．水の冷却による消火を避ける油火災などで採用される．
❹ **不活性ガス消火設備**：不活性ガスを放射することにより，周囲の酸素濃度が低下（希釈消火）し，消火を行う．不活性ガスには，二酸化炭素があるが誤放射による人的な危険性が高いので注意が必要である．新しい不活性ガスとして，窒素・アルゴン・二酸化炭素を混合した消火剤がある．主として，電気室や通信機械室，ボイラ室，美術展示室などで採用される．
❺ **ハロゲン化物消火設備**：ハロゲン化物による負触媒効果により消火を行う．消火剤は，オゾン層を破壊しないHFC-23，HFC-227 ea が使用されている．従来のハロン1301，ハロン1211，ハロン2402は生産中止となり，必要な場所のみ認められている．主として，電気室や通信機械

■■ 4章　給排水・衛生設備　■■

室，ボイラ室，美術展示室などで採用される．
❻ **粉末消火設備**：炭酸水素ナトリウムなどを粉末にした消火薬剤を使用し，負触媒効果により消火を行う．航空機格納庫や寒冷地の駐車場で採用される．

> **ここが大事！**
>
> *加圧送水装置
> ① 加圧送水装置には，定格負荷運転時のポンプの性能を試験するための配管設備を設ける．
> ② 加圧送水装置には，締切運転時における水温上昇防止のための逃し配管を設ける．
> ③ 加圧送水装置の起動は，遠隔操作が可能である．しかし，停止は，直接操作のみである． 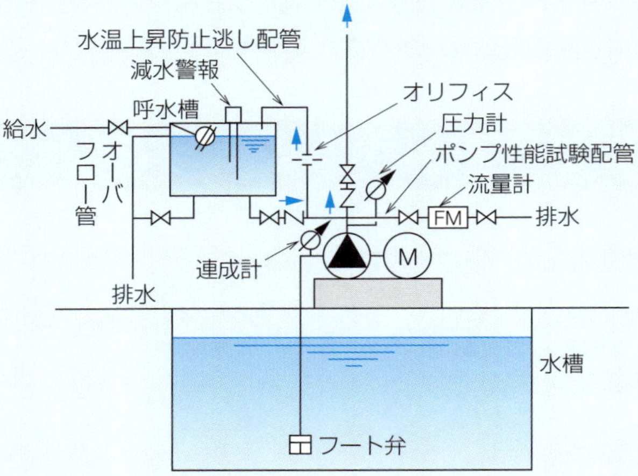
>
> **図4・49　加圧送水装置廻り**

4-7 火を起こす設備（ガス設備）

　ガスは生活を送る上で，熱エネルギーとして欠かすことのできないものである．家庭用では，ガスコンロやガス給湯器に使用され，オフィスビルでは，冷暖房としてガスヒートポンプ（GHP）空調システムや吸収式冷凍機などでも使用されている．それぞれの機器に合った圧力や流量を供給することが重要である．また，ガスの種類は，都市ガスと液化石油ガスに大別される．

都市ガス

　液化天然ガス（LNG: Liquefied Natural Gas）は，都市ガスの原料である．液化天然ガスは，メタンを主成分とした天然ガスを冷却して液化したものである．ガスの供給の流れと供給圧力を図4・50に示す．

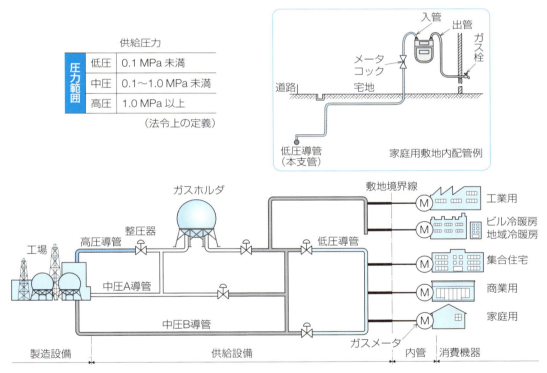

図4・50　ガスの供給の流れと供給圧力

都市ガスの種別

　都市ガスの種別は，ガス事業法で比重，熱量，燃焼速度の違いによって分けられている．都市ガスには13種類あり，供給されている多くは13Aまたは，12Aである．なお，13Aには，以下の意味がある．

- 13：ウォッベ指数を表し，ガスの発熱量をガスの比重の平方根で割った数値．
- A：燃焼速度の大きさ（A：遅い，B：中間，C：速い）

都市ガスの種類は，ウォッベ指数と燃焼速度で決まる．13 A の発熱量は 45 MJ/m³ で，12 A の発熱量は 39 MJ/m³ である．ガスの発熱量とは，標準状態（0℃，1気圧）のガス 1 m³ が完全燃焼したときに発生する熱量のことをいう．

供給方式と供給圧力

ガス事業法に規定するガス供給方式には，低圧供給方式，中圧供給方式，高圧供給方式などがある．

LP ガス

液化石油ガス（LPG: Liquefied Petroleum Gas）は LP ガスといい，プロパンガス，ブタンガスの総称である．消費者に供給される LP ガスは，「い号」が使用される．

LP ガスは圧力を加えて液化することで，体積が 1/250 に圧縮され，貯蔵や輸送に利点がある．また，使用時は常温・常圧の状態で気体となる．発熱量は LNG の約 2 倍の 99 MJ/m³（標準状態 0℃，1気圧）である．

LP ガスの供給方式

LP ガスの一般的な供給方式には，個別供給方式，集団供給方式，バルク供給方式がある．

❶ **個別供給方式**：一般家庭など個別に LP ガス容器を設置し，配管によりガス機器に供給する方式である．

❷ **集団供給方式**：2 戸から 69 戸までの各家庭に供給する方式で，1 箇所に設置した LP ガス容器から，配管により供給する．2～10 戸を小規模集団供給，11～69 戸が中規模集団供給である．

❸ **バルク供給方式**：敷地内に設置されたバルク貯槽またはバルク容器に，LP ガスをバルクローリーにより，直接充填する方式．そのため，LP ガス容器を複数設置する必要がなくなる．バルク容器以降は集団供給と同じである．バルク貯槽には，地上型と埋設型がある．

LP ガス容器の設置位置

❶ 内容量 20 kg 以上の容器は，火気の 2 m 以内に設置してはならない．かつ，屋外に置くこと．
❷ 湿気，塩害などによる腐食を防止するために，防食塗装をし，水はけの悪いところに置く場合には，コンクリートブロックなどの上に置くこと．
❸ 軒下，収納庫などに設置すること．
❹ 転落，転倒を防ぐため，転倒防止チェーンで固定すること．
❺ 周囲温度は 40℃ 以下に保つこと．

4-7 火を起こす設備（ガス設備）

> **ここが大事！**

＊マイコンメータ
遮断機能を持ったガスメータで，異常などを検知すると自動的にガスを遮断する．
- 多量のガスが流れた場合．
- 長時間，一定のガスが流れ続けた場合．
- 震度5程度以上の地震を感知した場合．
- ガスの圧力が所定の値を下回った場合．

＊ガス漏れ警報器
- 都市ガスの場合は，空気より比重が小さいため，天井面付近に設置する．ガス機器から水平距離8m以内で天井面から30cm以内の位置に設置する．
- LPガスの場合は，空気より比重が大きいため，床面付近に設置する．ガス機器から水平距離4m以内で床面から30cm以内の位置に設置する．
- ガス漏れ警報器の検知部は，給気口，排気口，換気扇などに近接したところに設けてはならない．

＊ガス燃焼機器
ガス燃焼機器には，開放式，半密閉式，密閉式がある．
① 開放式ガス機器：コンロやレンジ，ガスストーブなどで，燃焼用空気を室内から取り入れ，燃焼廃ガスをそのまま室内に排出する方式のガス器具をいう．
② 半密閉式ガス機器：風呂釜や瞬間湯沸器などのように燃焼用空気を室内から取り入れ，燃焼廃ガスを排気筒で屋外に排出する方式のガス器具をいう．
③ 密閉式ガス機器：ストーブ，風呂釜，瞬間湯沸器などで，屋外から新鮮空気を取り入れ，屋外に燃焼廃ガスを排出する方式のガス器具をいう．一般に強制給排気式のことをFF（Forced Draft Balanced Flue）式，自然給排気式のことをBF（Balanced Flue）式という．

＊ガス栓の種類
ガス栓の種類を図4・51に示す．

（a）LA コンセントヒューズコック

（b）LB ヒューズコック

（c）L ねじコック

ヒューズコックの使用用途
・ストーブ
・テーブルコンロ
・炊飯器
ねじコックの使用用途
・風呂がま
・湯沸器
・業務用レンジ

（d）ねじコック

（e）メータコック

図4・51　ガス栓の種類

4-8 便器などの設備（衛生器具設備）

　衛生器具とは，給水設備，排水設備，給湯設備などの水廻りに必要な器具および付属品の総称である．衛生器具内で水を用いて，汚れたものを洗浄したり，その汚れたものを衛生器具から排水管内に移動させる．人にとって衛生性を保つ重要な器具である．

便　器

大便器

　大便器は，大便を便器から排除すること，自己洗浄が行われること，さらに排水管内を固形物が流れることを考慮した，水量を流す必要がある．洋風と和風の便器があり（図4・52），洗浄方式はロータンク方式とフラッシュバルブ（洗浄弁）方式がある（図4・53）．

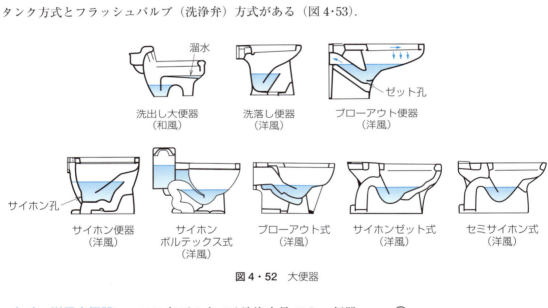

図4・52　大便器

（1）洋風大便器　1976年ごろまでは洗浄水量13Lの便器であったが，1994年ごろから節水便器が出現し，2006年ごろから洗浄水量6L便器，現在は洗浄水量4.8Lの便器が出回っている．

（2）和風大便器　和風大便器の洗浄水量は11〜12Lタイプが主流であったが，1990年代初頭から洗浄水量8Lタイプが登場している．

図4・53　大便器の洗浄方式

小便器

❶ 壁掛け小便器，ストール小便器，壁掛けストール小便器がある（図 4・54）．

❷ 洗浄方式は，水栓式と，大便器のフラッシュバルブ方式と同じ小便器フラッシュバルブ方式がある．

❸ 洗浄の機能の作動には，水道水管に電磁弁を設け，タイマによって弁を作動させる方式や，利用者を検知する光センサを利用して電磁弁が作動する方式がある．

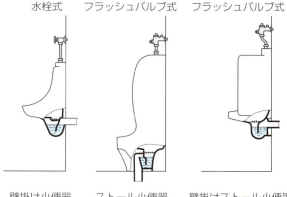

図 4・54　小便器

水　栓

給水器具としてもっともよく使われるもので，別名，カラン，蛇口とも呼ばれる（図 4・55）．

ボールタップ

受水タンク，減圧タンク，ハイタンクなどの水槽の自動給水閉止に使用する給水栓で，球の浮力で水面の上下により弁を開閉する（図 4・56）．

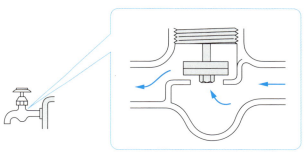

図 4・55　水栓

逆流防止器（バキュームブレーカ）

給水栓の吐水口と衛生器具の水面との間には，吐水口空間を設けなければならない．もし吐水口空間がとれない場合は，逆流防止器を設けなければならない（図 4・57）．

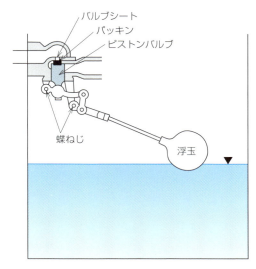

図 4・56　ボールタップ

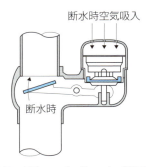

図 4・57　バキュームブレーカ（逆流防止器）

器具の接続口径

器具排水管の管径はトラップの口径以上とし，かつ 30 mm 以上とする．表 4・9 に衛生器具の接続最小口径を示す．ただし，地中や地階の床下に埋設される排水管は 50 mm 以上が望ましい．

表 4・9 衛生器具の接続最小口径

器　　具	接続口径〔mm〕	器　　具	接続口径〔mm〕
大便器	75	床排水	40〜75
小便器	40	汚物流れ	75
小便器（ストール型）	50	医療用流し	40
洗面器	30	ビ デ	40
手洗器	30	浴 槽	40
料理流し	40	浴 槽（公衆用）	50〜75
洗濯用流し	40	シャワー	50

節水器具

節水の効果を高めるためには，使用者の行為と，表 4・10 に示す器具自体で節水する方法がある．省エネルギーや地球環境に影響するため，節水は重要な要素である．

表 4・10 節水器具

水栓	吐水量を絞る	水　栓	電気機器	制御方式	電気食器洗い機
		泡沫水栓			全自動電気洗濯機
		節水コマ			小便器洗浄用電磁弁
	自閉構造	手洗衛生洗浄弁	節水型便器		節水型ロータンク専用ボールタップ
		自閉式水栓			節水型ロータンク
		電子式水栓			節水型便器ユニット
		湯屋カラン	シャワー	操作方式	手元操作型シャワーヘッド
		定量水栓			
	湯水の混合操作を容易にすることにより節水時間を短縮	シングルレバー式湯水混合水栓			
		一時止水機能付き湯水混合水栓			
		サーモスタット付き湯水混合水栓			
		ミキシングバルブ			

ここが大事！

* 大便器の種類と特徴を理解する．
* 逆流防水器を使用する条件を理解する．
* 衛生器具の接続口径は，器具によって異なる．

4-9 汚い水をきれいにする装置（浄化槽設備）

浄化槽を使用するためのルールについては，構造・性能・規模などが「建築基準法」，設置方法・維持管理方法などが「浄化槽法」に基づいて取り決められている．

これらの法律に従えば，下水道がない地域で水洗便所を使用する場合には，その排水を処理して放流するための浄化槽を設置しなければならない．つまり，下水道敷設区域以外で水洗便所の排水（し尿）と台所・風呂・洗濯などの排水（生活雑排水）をあわせて処理して公共用水域へ放流する処理施設が浄化槽である．

し尿が原水に含まれる場合，法に定められた処理水を得ることができる浄化槽構造としなければならない．放流水の規制水質項目には，BOD，COD，T-N，T-P がある．なお，単独処理浄化槽は，新規設置することはできなくなっている．

浄化槽の概要

（1） **単独処理浄化槽**　水洗便所から排出される汚水のみを処理する．
（2） **合併処理浄化槽**（図4・58(a)）　水洗便所排水や風呂・台所排水をあわせて処理する．
なお，原水については表4・11に示す数値を用いている．

表4・11　流入水量・水質

区　分	水量〔L/(人・d)〕	BOD〔mg/L〕	BOD 負荷〔g/(人・d)〕	T-N〔mg/L〕	T-P〔mg/L〕
単独処理原水	50	260	13	—	—
合併処理原水	200	200	40	50	5

BOD 負荷 13 g/(人・日) ＝水量 50 L/(人・日)×BOD 260 mg/L×10^{-3}　　T-N：総窒素，T-P：総リン

いくつかの処理方式を組み合わせることにより，よりきれいな水を処理水とする．一般的に，次の流れを経て処理される．

❶ **汚水中の固形物を取り除く**：スクリーン（荒目・細目・微細目スクリーン）
　a　処理のフローによっては固形物を破砕する：破砕機
　b　固形物や沈殿しやすいものを沈殿または浮上させる（さらに汚泥を貯留させる）：沈殿分離槽・腐敗槽
❷ **処理対象人員101人以上では流量を調整する**：流量調整槽
❸ **有機物を生物によって分解する**：活性汚泥法の一種である長時間ばっ気法，接触ばっ気法，回転板接触法，散水ろ床法
❹ **有機物を含む汚泥を分離し上澄水を得る**：沈殿槽
❺ **余剰汚泥を濃縮し，貯留する**：汚泥濃縮槽・汚泥貯留槽
❻ **高度処理する**（図4・58(b)）：砂ろ過装置，凝集槽，活性炭吸着装置，脱窒槽，硝化槽

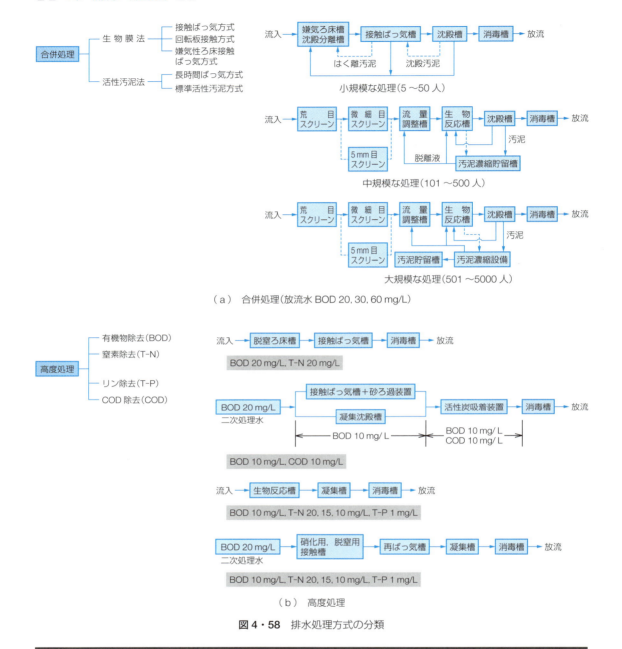

図 4・58 排水処理方式の分類

設計諸元の基本になる BOD

汚水の汚れの程度を表す指標として，BOD（生物化学的酸素要求量）が用いられる．この BOD は，水中の有機物が微生物によって分解される際に消費される必要酸素量のことであり，汚水中の有機物量を表すことができる．汚水を処理する方法として，生物を利用する装置においては，BOD が設計諸元の基本となる．

酸素の存在下で生きる好気性微生物を利用して処理する生物反応槽であるばっ気槽の主な設計諸元は，次の三要素である．

- ばっ気槽容積 ─┬─ 容積当たりの有機物量……BOD 容積負荷
　　　　　　　 └─ 汚泥当たりの有機物量……BOD-MLSS 負荷

$$ばっ気槽容積 [m^3] = \frac{流入 BOD 量（流入 BOD 濃度 \times 流入水量）[kg/日]}{BOD 容積負荷 (0.2\ kg/(m^3 \cdot 日))}$$

- 滞留時間：槽に滞留する時間
- 供給空気量：1 時間に供給される槽容積分の空気の量……ばっ気強度

解いて理解！

流入水量：100 m^3/d，流入 BOD 濃度：200 g/m^3，BOD 容積負荷：0.2 kg/(m^3・日) の条件のばっ気槽容積はいくらか．

【解答】 ばっ気槽容積 $= \dfrac{100\ m^3/d \times 200\ g/m^3 \times 10^{-3}}{0.2\ kg/(m^3 \cdot d)} = 100\ m^3$

BOD の容積負荷は設計上重要であるが，ばっ気槽内に微生物がどの程度存在するかは考慮していない．一方，BOD-MLSS 負荷は，微生物量に対して栄養物質（汚水）を供給する考え方であり，維持管理上重要である．

解いて理解！

流入水量：100 m^3/日，流入 BOD 濃度：200 g/m^3，BOD-MLSS 負荷：0.05 kg/(kg・日)，MLSS 濃度：5000 g/m^3 のとき，ばっ気槽容積はいくらか．

【解答】 ばっ気槽容積 $= \dfrac{流入 BOD 量}{BOD\text{-}MLSS 負荷 \times MLSS 濃度}$

$= \dfrac{100\ m^3/日 \times 200\ g/m^3 \times 10^{-3}}{0.05\ kg/(kg \cdot 日) \times 5000\ g/m^3 \times 10^{-3}} = 80\ m^3$

建物の処理対象人員

処理対象人員とは，1 つの建築物から排出される汚水が何人分とみなされるか，という値である．建築基準法施行令の規定に基づく処理対象人員の算定方法（昭和 44 年建設省告示第 3184 号）により算定したものである．し尿浄化槽の算定処理対象人員算定基準は，JIS A 3302 に規定されている．

たとえば，住宅においては，延べ面積が 130 m^2 以下の場合，処理対象人員は 5 人となり，130 m^2 を超える場合は，7 人と定められている．その他，主な建物について述べると，共同住宅は，延べ面積に 0.05 を乗じて算定する．ただし，1 戸当たりの人員が 3.5 人以下の場合は，1 戸当たりの人員を 3.5 人，または 2 人（1 戸が 1 居室だけで構成されている場合に限る）とし，1 戸当たりの人員が 6 人以上の場合は，1 戸当たりの人員を 6 人とする．また，事務所ビルの場合は，業務用厨房設備を設けている場合と設けていない場合に分かれており，業務用厨房設備を設けている事務所は延べ面積に

0.075を乗じ，設けていない事務所は0.06を乗じて算定する．

具体的には，住宅から排出される水量200 L/(人・日)またはBOD負荷40 g/(人・日)に比較して何人分になるかによって算定したものであり，表4・12に示す．

表4・12 処理対象人員 (n) の一例

建築用途					算定式
住宅関係施設	イ	住宅	$A≦130$の場合		$n=5$
			$130<A$の場合		$n=7$
	ロ	共同住宅			$n=0.05A$
医療関係施設	イ	病院・療養所・伝染病院	業務用の厨房設備または洗濯設備を設ける場合	300床未満の場合	$n=8B$
				300床以上の場合	$n=11.43(B-300)+2400$
			業務用の厨房設備または洗濯設備を設けない場合	300床未満の場合	$n=5B$
				300床以上の場合	$n=7.14(B-300)+1500$
事務所関係	イ	事務所	業務用厨房設備を設ける場合		$n=0.075A$
			業務用厨房設備を設けない場合		$n=0.06A$
学校関係施設	イ	保育所・幼稚園・小学校・中学校			$n=0.20P$
	ロ	高等学校・大学・各種学校			$n=0.25P$

A：延べ面積〔m²〕，B：ベッド数〔床〕，P：定員〔人〕　　　　　(JIS A 3302：2000)

ここが大事！

* 酸素の存在によって微生物の種類が分類される．酸素が存在する微生物処理は無酸素の生物処理（嫌気性処理）に比べて処理時間が短い．
* 微生物は有機物質を分解するが，一方で汚泥を発生させる．
* 有機物の指標の代表的なものはBODであり，有機物が少ないとBOD濃度も低い値となる．
* 汚水を処理する方法は，水質項目と，どの程度の濃度まで処理すればよいかによって選定する．
* 消毒とは大腸菌群などをある範囲まで減少させることであり，滅菌とは区別している．
* BOD（生物化学的酸素要求量），SS（浮遊物質量），T-N（総窒素），T-P（総リン），COD（化学的酸素要求量）

4-10 汚い水をきれいにして使う設備（排水再利用設備）

昭和 30 年代後半から排水再利用が始まり，昭和 53 年の福岡渇水など，渇水の頻発を契機として水の有効利用方策の一つとして導入されてきた．地域別にみると，関東近海部および北九州の両地域で約半分を占めている．利用用途は，トイレ，散水に多く使われている．

排水再利用の基本的事項

導入動機

1. 水不足の緩和：地域性あり
2. 節水（省エネルギー）
3. 水資源の有効利用
4. 下水道への負荷の軽減

排水再利用設備の普及状況は平成 22 年時点で，雨水利用と排水再利用を合わせて全国 3654 施設が稼動しており，下水処理の利用量と合わせると全国の生活用水使用量の約 0.3% に相当する．

原水種別

水洗便所排水，厨房排水，手洗い排水，風呂排水などであり，一般には水洗便所排水を含むもので，すべての排水または一部を含むもの，さらに厨房排水を含むものに分かれる．再利用水の用途を拡大すること，および再利用水量のバランスから原水種別が決められる．

表 4・13 に 3 種類の原水種別を示す．

表 4・13　原水の種別

建物規模		
原水種別	(A)	雑排水 便所洗浄水・手洗・洗面
	(B)	雑排水（厨房を含む） 便所洗浄水・手洗・洗面・厨房
	(C)	汚水雑排水 すべての排水

さらに水質については，表 4・14 に示す数値が示されている．

表 4・14　原水の水質〔mg/L〕

原水種別	(A) 雑排水	(B) 雑排水	(C) 汚水+雑排水	厨房排水
BOD	100	300	300	350〜750
COD	80	200	200	250〜350
SS	100	250	250	150〜350
n-hex	—	—	—	100〜200

再利用先

再利用先は水洗便所洗浄水を中心に行っている．原水に水洗便所排水が含まれると，水洗便所洗浄水以外の利用は細菌学的な見地から難しい．

水質基準

建築物衛生法においては維持管理面から，原水にし尿が含まれる場合はトイレ洗浄水のみに使用され，pH（5.8～8.6），臭気，外観，大腸菌の基準がある．し尿が含まれない場合はトイレ洗浄水，散水などに使用され，上記の基準に濁度（2度以下）が加わる．

配管設備

給水設備と同様に設計する必要がある．クロスコネクションと吐水口空間は特に注意しなければならない．

水処理

処理フロー

原水の種類によって水処理方式が決定される．図4・59に示すとおり，大別して生物処理を中心とするもの，膜処理を中心とするもの，さらに併用方式がある．

（1）　標準処理フローNo.1　生物処理を基本とするフローであり，雑排水を原水にする場合がもっとも適している．

（2）　標準処理フローNo.2　前段の生物処理に後段の生物膜処理を用いた2段生物処理である．雑排水に厨房を加えたもの，さらにし尿に雑排水，厨房排水が加わった総合排水がもっとも適している．

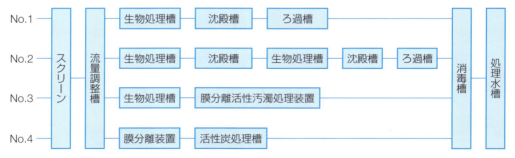

図4・59　再利用の処理方式（「雨水利用・排水再利用設備計画基準・同解説　平成28年版」（国土交通省大臣官房官庁営繕部設備・環境課）より引用．ただし，下水道未普及地域は建築基準法に基づく昭和55年建設省告示第1292号，最終改正平成18年1月に高度処理を追加するフローとなる）

（3） 標準処理フロー3　生物処理の後段に固液分離装置として膜処理を用いたものである．すべての原水に適用可能である．

（4） 標準処理フロー4　生物学的な処理方法を用いず，流入した原水を直接膜処理し，膜で処理できない比較的低分子量の物質を活性炭吸着により処理する．有機物汚染度が雑排水レベルの原水に限定される．

処理フローの比較

表4・15に処理方式の比較を示すが，設置者または設計者が，建設費，造水コスト，設置面積，維持管理費のどれを最優先するかによって，処理方式の選択がなされる．

表4・15　標準処理フローの比較

標準処理 フローNo.	建設費	造水コスト	設置面積	比較対象原水
1	100	100	100	原水（A）
2	100	100	100	原水（B），（C）
3	110	120	35	原水（B），（C）
4	130	500	50	原水（A）

> **ここが大事！**
> * 上水系と雑用水系の配管のクロスコネクション禁止．
> * 再利用処理水槽への上水補給のための水栓口設置空間の確保．
> * 導入動機は地域によって異なる．
> * 原水にし尿が含まれると，再利用水は水洗便所洗浄水に使われる．
> * 建築物衛生法における維持管理上の基準は，pH（5.8〜8.6），臭気，外観，大腸菌，濁度（2度以下）がある．し尿を含む場合は対象外である．
> * し尿を含まない原水は，散水，修景，清掃に使われる．
> * 給水栓における水に含まれる遊離残留塩素の含有率を0.1ppm以上に保持する．

4-11 雨を利用する設備（雨水利用設備）

　雨水利用は排水再利用と同様に昭和30年代後半から排水再利用が始まり，昭和53年の福岡渇水など，渇水の頻発を契機として水の有効利用方策の一つとして導入されてきた．平成26年「雨水の利用の推進に関する法律」が施行されたことを契機にますます注目を集めている．平成26年末までの統計では住宅の雨水タンクを除いて全国に2150箇所で雨水利用施設が稼動している．

雨水利用の基本的事項

導入動機

（1）　水資源の有効利用　　雨水を水資源として利用することにより，水不足などの問題の節水対策となる．
（2）　治水対策　　河川の氾濫，下水道管からの下水あふれ防止対策となる．
（3）　非常時対策　　非常時に貯まった雨水を生活用水に活用できる．

集水水質

通常は屋根面で集水するため，周辺環境の土ぼこりが特にない場合は，集水後の水処理は沈殿工程のみで十分である．

集水量

建設対象地区に近い気象台から年間の降水量を入手する．

水処理

標準的な処理は，原則として図4・60のとおりとし，水質，設置面積などを総合的に判断して決定する．

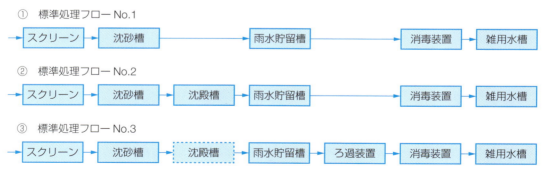

図4・60　雨水利用設備の標準処理フロー（「雨水利用・排水再利用設備計画基準・同解説　平成28年版」（国土交通省大臣官房官庁営繕部設備・環境課）より引用）

シミュレーション

雨水利用を建築物に導入する設計においては，手計算あるいはパソコンプログラムにより，年間の雨水利用状況をシミュレーションに基づいて計算する．その計算に用いる要素は，図4・61に示すとおり，雨水集水量 {(集水面積×降水量)×雨水流出係数}，使用水量，オーバフロー量，上水補給水量および雨水貯留槽容量であり，これらの数値が必要である．雨水利用状況は，集水面積，雨水集水量，使用水量，雨水貯留槽容量の4つのパラメータにより決定される．

実際のシミュレーションは集水面積および使用水量を固定し，雨水貯留槽容量を決定する（図4・62）．

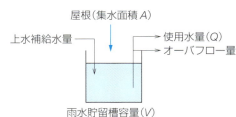

図4・61 シミュレーションの方法

【パラメータなどの説明】

雨水集水量〔m³/年または日〕＝集水面積〔m²〕×降水量〔mm/年または日〕
　　　　　　　　×雨水流出係数×10⁻³

雨水利用率〔%〕＝（雨水利用量/雨水集水量）×100……集水した中で雨水が利用された割合

上水代替率〔%〕＝（雨水利用量/使用水量）×100……使用した水の中で雨水が利用された割合

解いて理解！

中学校において，集水面積 2000 m²，降水量 1500 mm/年，雨水流出係数 0.9，生徒数 500 人，登校日 240 日とする．水洗便所洗浄水に 35 L/(人・日) の雨水を使用する場合の，雨水利用率と上水代替率を求めよ．

【解　答】　雨水集水量＝2000 m²×1500 mm/年×0.9×10⁻³
　　　　　　　　　　　＝2700 m³/年

　　　　　　水洗便所洗浄水量＝500 人×35 L/(人・日)×240 日×10⁻³
　　　　　　　　　　　＝4200 m³/年

　　　　　　雨水利用量（集中して降水があったときなどを想定して，集水量の 80% を利用したとする（貯留槽容量が影響するが，ここでは毎日のシミュレーションをしなければならないので考慮しない））
　　　　　　　　　　　＝2700 m³/年×0.8
　　　　　　　　　　　＝2160 m³/年

　　　　　　雨水利用率＝(2160/2700)×100
　　　　　　　　　　　＝80%

　　　　　　上水代替率＝(2160/4200)×100
　　　　　　　　　　　＝51%

したがって，雨水利用率80%，上水代替率51% となる．49% は上水が補給されたことになる．

> **ここが大事！**
> * 雨水集水量は，単位時間の降水量に屋根（集水）面積と流出係数を乗じたものである．
> * 集水した中で雨水が利用された割合を雨水利用率という．
> * 使用水量の中で雨水が利用された割合を上水代替率という．
> * 雨水貯留槽をあまり大きくすると，建設費が高くなり，水質が悪化する．

シミュレーション図から貯留槽容量を算定する方法

① 建物面積： 6000 m²
② 集水面積 A（屋根面積）： 1000 m²
③ 雑用水使用水量 Q（便所洗浄水量）：12 m³/日
④ シミュレーション図（図4・62）：

Y 軸は雨水利用率〔%〕，X 軸は $\dfrac{雨水貯留槽容量 V 〔m^3〕}{集水面積 A 〔m^2〕}$，各線図は $\dfrac{雑用水使用水量 Q 〔m^3/日〕}{集水面積 A 〔m^2〕}$ で図示した．

・$\dfrac{雑用水使用水量 Q 〔m^3/日〕}{集水面積 A 〔m^2〕} = \dfrac{12}{1000} = 0.012$

・雨水利用率を 95%，$\dfrac{Q}{A} = 0.012$ とすると，$\dfrac{貯留槽容量}{集水面積}$ の比率が効率的な数値は 0.09 となる．

$0.09 = \dfrac{貯留槽容量 Q}{集水面積 1000\ m^2}$，貯留槽容量 $Q = 90\ m^3$ となる．

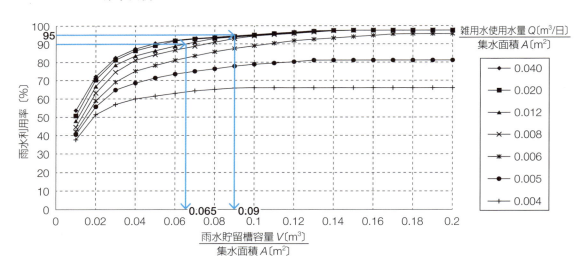

図4・62 シミュレーション図（「雨水利用・排水再利用設備計画基準・同解説 平成28年版」（国土交通省大臣官房官庁営繕部設備・環境課）より引用）

4-12 ごみを処理する設備（塵処理設備）

家庭生活から排出するごみの処理は，市町村が責任をもって行う．一方，産業系からの廃棄物は事業者自らが運搬そして処分を行う．ごみは最終処分までどのようにして移動していくのかを明らかにし，循環型社会に対応した処理を行うこととなる．また，台所の生ごみ処理に関しては，新しい処理法が確立している．

廃棄物の分類

廃棄物は生活系廃棄物と事業系廃棄物に大きく分かれ，家庭生活から排出されるごみと事務所などから排出されるごみを合わせて，一般廃棄物と呼び，一方，工場などから排出されるごみを産業廃棄物と呼ぶ（図4・63）．

一般廃棄物の中での区分は，一例として，可燃ごみ（紙類，厨芥類，繊維類，木，竹類），不燃ごみ（ガラス類，陶器・石類，金属類），粗大ごみ（家具類，古木材など），資源ごみ（紙類，ボロ布類，金属類，空ビン類，ガラス類），有害ごみ（乾電池など）があるが，市町村の収集形態には差異がある．

国民1人当たりのごみ排出量は，925 g/日といわれている．平成28

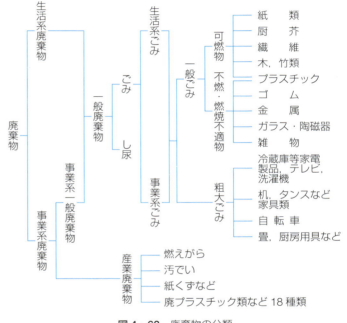

図4・63　廃棄物の分類

年度のごみの年間排出量は，一般廃棄物では東京ドーム約116杯分，産業廃棄物では約1050杯分となっており，産業廃棄物は一般廃棄物の約9倍多く排出されている．

処理の流れ

処理の流れは図4・64に示すとおり，収集・運搬 → 中間処理 → 最終処分の順に処分に導かれる．

（1）収集　住宅ではステーション方式（ごみ集積所），事務所ではコレクタに投入したり，厨芥は冷蔵庫に貯留される．

（2）簡易中間処理兼運搬　住宅ではごみ収集車で圧縮して運搬し，事務所ではコンパクタを用いてコンテナに移し替える．事務所などの建物内のごみ収集方法には次の利用がある．

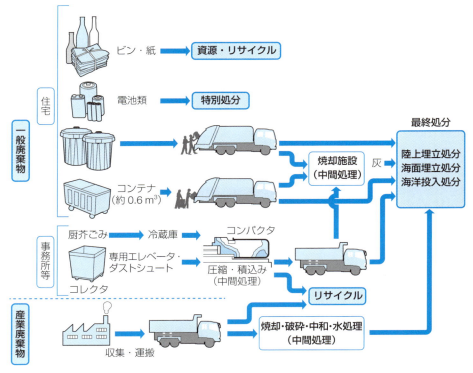

図4・64 廃棄物処理の流れ

❶ 収集容器とエレベータの利用
❷ ダストシュートの利用
❸ 搬送管などによる真空収集の利用

　これらの集められたごみは，建物内の収集箇所に設けられたコンパクタによって圧縮する中間処理で体積を減少させた後，コンテナに移される．

（3）**中間処理**　焼却が大部分であり，産業廃棄物では脱水，破砕，中和処理などが行われる．

（4）**最終処分**　陸上埋立処分，海面埋立処分，海洋投入処分があり，焼却した灰なども処分され，ごみを中間処理を行わずに処分する場合もある．

　これらのごみ処理については，排出ごみをできるだけ減量し，同時に分別ごみ収集を徹底することで，さらに再利用や資源化が進み，運搬についても真空搬送システムなど，利便化が進むと思われる．

ごみの質

❶ ごみの質については，都市ごみは地域，季節，生活様式などによって異なるが，一般的には，水分40～60％，灰分10～30％，可燃分30～40％である．
❷ 水分，灰分（熱灼残留物・無機物質），可燃分（熱灼減量・有機物質）は通常ごみの三成分と呼ばれている．
❸ 焼却すれば減量となるが，焼却残さは処理ごみ量の重量にして20～25％，体積にして5～10％となる．

❹ 近年，堆肥化（コンポスト）が進んでいるが，これはごみを原料とし，その中に含まれる発酵に有用な微生物の働きにより，ごみ中の分解されやすいものが分解して得られた腐植質である．
❺ この堆肥化は，C/N（炭素分と窒素分の含有比率）をおおむね20以下にすることが重要である．

循環型社会へ対応する分別

ごみの焼却や埋立て処分による環境への影響を極力減らし，限りある地球の資源を有効に，繰り返し使う循環型社会の形成に，ごみの排出元である各家庭および処理施設においても対応しなければならない．Reduce，Reuse，Recycleを3つのRとして3R（スリーアール）と総称している．

❶ Reduce（リデュース）は，使用済みになったものが，なるべくごみとして廃棄されることが少なくなるように，物を製造・加工・販売することである．
❷ Reuse（リユース）は，使用済みになっても，その中でもう一度使えるものはごみとして廃棄しないで再使用することである．
❸ Recycle（リサイクル）は，再使用ができずに，または再利用された後に廃棄されたものでも，再生資源として再生利用することである．

生ごみの処理のためのディスポーザ処理システム

生ごみの排出される住宅や事業所では，生ごみを粉砕して専用の排水管を介して，水処理装置で有機物を一定濃度まで処理して下水道に放流するシステムがある．また，別にメタン発酵させて発電を行うシステムも，代替エネルギーとして脚光を浴びている（図4・65）．

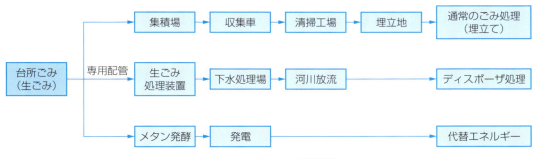

図4・65 生ごみの処理方法

> **ここが大事！**
> * 一般廃棄物の排出量は925 g/(人・日)である．
> * 収集・運搬 → 中間処理 → 最終処分の流れを理解する．
> * 事務所などでは，建物によってごみの発生量が異なる．
> * 事務所などでは，中間処理の作業スペース，分別の作業スペース，資源化の作業スペース，リサイクルの作業スペースを設ける必要がある．

4-13 高層ビルの衛生設備

高層ビルの衛生設備の計画においては，給水および排水の系統（ゾーニング）についての検討が重要となる．また，近年のビル内施設の多様化やサービス性の重視などによって，各機器の容量の考え方や設備機器類の設置スペースの大きさ，省エネルギー性についても検討すべきである．

高層ビルの衛生設備　基本計画

（1）都市インフラ設備との計画性　高層ビルでは，給水量および排水量，ガス使用量が大きくなるため，下記のような部分について確認を行う．
・上水道および都市ガス道の引込位置，引込口径
・下水道への接続放流位置，接続口径，放流形式（合流式と分流式）

この確認を行うのに際して，まず重要になることは，その建物における給水量やガス使用量，排水量について概算値を把握しておくことである．特に，計画段階では将来的に建物内をどのような施設が利用するのか不明である場合が多い．十分に事業主との協議を行って，各種安全率を見込んだ想定を行うことが必要となる．

また，高層ビルの場合は地方公共団体による受水槽内貯水量の算定係数や排水量の規制が生じることがあるので，事前に関係機関での協議・確認を行う．

（2）系統（ゾーニング）の計画性　高層ビルでは，給水および排水のたて配管が長大になるため，階数に応じた系統ゾーニングを計画することが重要となる（図4・66，4・67）．

給水方式としては，高置水槽方式による重力給水が採用されることが一般的である．この方式の場合，給水配管では，水圧の適正化確保のために，下記の検討が必要になる．

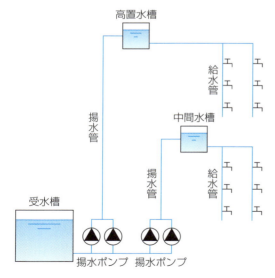

図4・66　中間水槽を設置した場合のゾーニング

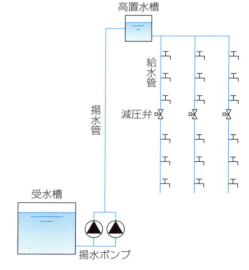

図4・67　減圧弁を設置した場合のゾーニング

高置水槽方式については 4-3「飲む水などを送る設備（給水設備）」の「給水方式」の項（119 ページ）を参照のこと．
・高置水槽および中間水槽の設置や機械室のスペース
・中間水槽を設けない場合の減圧弁の採用
・PS（パイプシャフト）のレイアウト，箇所数，大きさ

これらは，建築計画とも関連性が大きいため，意匠設計や構造設計の各担当者とも協議を行う．

また，排水配管では生活排水（汚水および雑排水）と特殊排水（厨房排水など）の系統ゾーニングを検討し，将来的なメンテナンス性を考慮した曲がりなどの少ない配管計画としたい．同時に排水たて配管の長さに応じた通気方式，配管継手を選定することも必要となる．

（3） ガス使用の安全にかかる計画　　特に高層階で都市ガスを使用する場合，高層部分でのガス圧が高くなることを考慮したガス減圧弁の設置も計画する．また，地上 31 m を超えてガスを使用する場合，消防法令・火災予防条例などにおける規制（ガス使用の規制や安全設備・対策の強化など）も生じることに留意したい．

（4） 衛生器具とプレハブ工法（ユニット器具）の計画　　高層ビルでは衛生器具数が非常に多くなるため，各階および施設のサービスレベルに応じた衛生器具のグレード，種別を検討する．同時に，水使用量の低減を目的とした節水型器具の選定を行うことも重要となる．

また，現場施工の合理化や工期の短縮を図るためにプレハブ工法によるユニット型器具の製品の採用も積極的に行い，将来的なメンテナンスおよび配管更新の簡素化を可能にすることも必要となる．

（5） 排水の一時貯留と再利用の計画　　高層ビルのような大型施設では，大量の生活排水および雨水排水が排出されるため，それらの建物内貯留（一時貯留）と再利用の検討を行う．

公共下水道に生活排水や雨水排水が大量に集中することで，都市機能への影響も懸念されている．そこで，各種排水を建物内に貯留し，定期的に放流を行うといった計画も必要である．この場合，ビル地下階の基礎構造体部分（地下ピット）を貯留槽として利用することが一般的である．

なお，排水の貯留および放流に関しては，都市計画法における開発指導要綱や地方公共団体の条例による規制などを事前に調査し，関係機関と協議の上，計画すること．

また，雨水排水は気象条件によって大量に発生し，その排水量が想定を上回る事態も生じる．環境保全や循環型社会の実現，省エネルギー性の確保といった観点から，排水再利用は重要である．排水濁度は低いほど処理コストも低減されるため，一次処理で再利用が可能な雨水排水の利用は期待されており，便器洗浄水として活用することを計画する．

※詳細については 4-10「汚い水をきれいにして使う設備（排水再利用設備）」（157〜159 ページ）および 4-11「雨を利用する設備（雨水利用設備）」（160〜162 ページ）を参照のこと．

（6） 高層ビルでの消火設備　　消防法では地上 11 階以上の建築物を「高層建築物」とし，消火設備の設置規制を強化している．

※詳細については 4-6「火災が起きたときに必要な設備（消火設備）」（139〜146 ページ）を参照．

消防法令では，地上 11 階以上の場合においては下記の対策が必要となる．

❶ スプリンクラー設備の設置（防火対象物区分に関係なく）が義務化される（ただし，スプリンクラー代替区画部分を除く）．

❷ 地上 11 階以上の共同住宅の場合には，ポンプ吐出量や水源水量などが小規模化された「共同住宅用スプリンクラー設備」を設置する．

❸ 連結送水管設備の放水口において，地上 11 階以上に設ける部分については **放水器具（ホース・ノズル格納箱および双口の放水口）** の設置が必要となる（地上 3～10 階は単口の放水口のみ）（図 4・68）．

❹ 地上 11 階以上かつ建物の高さが 70 m を超える場合の連結送水管は **湿式** とすることとしている（湿式の場合，専用のブースタポンプと水源を設ける）．

※スプリンクラー代替区画：床面積 100 m² （10 階以下は 200 m²）以下で壁・床を耐火構造にて区画する．ほかに，開口部分の面積制限や特定防火設備（防火戸など）の設置も必要．

高層ビル用の排水システム

高層のオフィスビルやホテル，近年増加しているタワーマンションなどには **特殊排水継手方式** が多く採用されている．これは伸頂通気方式の一種であり，排水たて配管と排水横引き配管の合流部分に特殊な継手部材を接続させることで，排水の流下をよりスムーズに行いつつ，通気性能を確保するものである．

この特殊な継手部材は，一般的な合流継手の内部に旋回羽根を内蔵し，排水合流部分における乱流を防止し，排水たて管内をより **らせん状** に流下させることで，たて管中心部に明確な通気層を形成させることが可能となる（図 4・69）．

伸頂通気方式については 4-5「排水や流れをよくする設備（排水・通気設備）」の「通気設備」の項（135 ページ）を参照のこと．

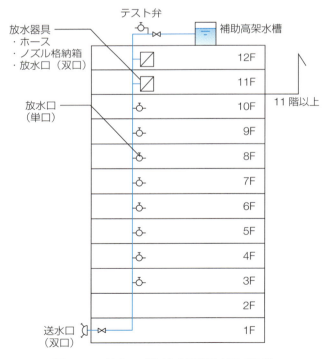

図 4・68　地上 11 階以上の連結送水管（湿式）

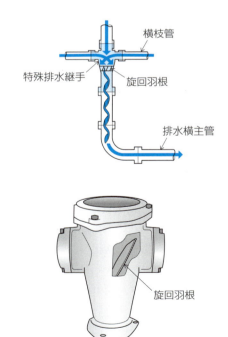

図 4・69　特殊排水継手

建築と光（電気設備） 5

- **5-1** 建物に電気を取り入れる設備（受変電設備）
- **5-2** 災害時の電気設備（自家発電設備）
- **5-3** 新しいエネルギー利用設備（自然エネルギー設備）
- **5-4** 物を動かすための設備（動力・幹線設備）
- **5-5** 光を与える設備（電灯設備）
- **5-6** 通信や情報を得る設備（弱電設備）
- **5-7** 火災を知らせる設備（自動火災報知設備）
- **5-8** 落雷の被害を防ぐ設備（雷保護設備）

5-1 建物に電気を取り入れる設備（受変電設備）

建物内の生活に必要な機器や器具，生産用機器・装置などを稼働させるためには，建物に電気（電気エネルギー）を取り入れる必要がある．電力会社またはエネルギー供給会社より電気を取り入れる方式には，契約電力 50 kW 未満の低圧受電方式と，50 kW 以上 2000 kW 未満の高圧受電方式，2000 kW 以上の特別高圧受電方式がある．

低圧受電方式

この方式は，契約電力 50 kW 未満の需要家（住宅など）が，電力会社の低圧配電線路（柱上変圧器を介した配電線路）より，100 V（または 200 V）で直接電気を取り入れる方式をいう．

低圧受電方式を図 5・1 に示す．

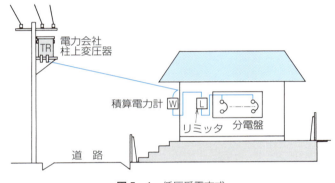

図 5・1　低圧受電方式

高圧受電方式

この方式は，契約電力 50 kW 以上となると予測される需要家が，電力会社より高圧受電方式で電気を取り入れる方式をいう．高圧受電方式には，高圧受電（契約容量 2000 kW 未満，電圧 7000 V 以下）と特別高圧受電方式（契約電力 2000 kW 以上，電圧 7000 V 超）がある．

高圧受電方式で受電した場合，需要家で自家用電気工作物（受変電設備）を設置し，電力会社より

> **用語解説**
> - **需要家**……電力会社より電力の供給を受け利用する者．
> - **契約電力**……電力会社より電力の供給を受ける際の最大で使用できる電力量（各電力会社にて，多種多様なプランがあるのでその都度協議が必要）．
> - **低圧**……交流：600 V 以下の電圧．直流：750 V 以下の電圧．
> - **高圧**……交流：600 V を超え 7000 V 以下の電圧．直流：750 V を超え 7000 V 以下の電圧．
> - **特別高圧**……7000 V を超える電圧のこと．

◻◻ 5-1 建物に電気を取り入れる設備（受変電設備） ◻◻

高圧で受電した電力を受変電設備にて，100 V または 200 V（400 V）に変圧し，電気を建家内に供給する必要がある．

電力会社より高圧受電にて受電する場合は，地中から受電する地中線方式と，架空線（電柱）から受電する架空線方式がある．高圧受電方式の地中線方式と架空線方式について図 5・2 と図 5・3 に示す．

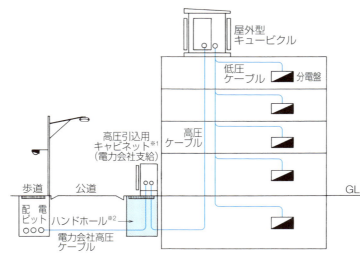

※1 電力会社から地中線にて電力を受ける際，需要家との境界に設置される．電力会社との責任分解点用開閉器（地中線用負荷開閉器（UGS））が組み込まれている．
※2 電線，ケーブルを地中に埋設した配管にて通線する際，接続や点検を行うために地中に埋設した箱．コンクリート製が主流．

図 5・2 高圧受電方式（地中線方式）

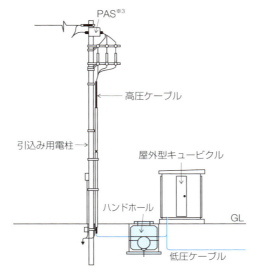

※3 電力会社より架空線にて電力を受ける際，需要家との責任分解点に設置される気中負荷開閉器（PAS）．通常，引込み用電柱に設置される．

図 5・3 高圧受電方式（架空線方式）

設備負荷容量の算出

受変電設備には，屋外に受変電設備を設置する場合と，建家内に電気室を設け設置する場合がある．建物用途ごとに必要な受変電設備容量は，下記表5・1より概算値を算出することができる．

表5・1 設備負荷容量表

建物用途	契約電力 〔W/m²〕	高圧変圧器総容量 〔VA/m²〕	電灯変圧器容量 〔VA/m²〕	動力変圧器容量 〔VA/m²〕	非常発電機容量 〔VA/m²〕
デパート	69.3	201.0	70.5	131.0	23.7
スーパーマーケット	70.7	170.5	75.9	89.4	9.9
ホテル	77.4	158.4	96.5	68.5	14.6
寄宿舎	64.7	135.6	75.1	37.6	14.3
共同住宅	11.5	22.0	7.2	13.1	10.7
病院	71.9	198.5	61.9	130.8	34.4
老人福祉施設	73.9	141.7	73.4	59.2	15.5
学校	49.5	126.7	56.0	63.8	11.2
博物館・美術館	51.4	132.8	54.6	79.7	21.3
官公庁	58.1	140.1	56.3	87.5	33.8
事務所	81.0	194.1	86.4	106.5	25.8
金融機関	79.1	169.0	78.6	81.4	33.1
電算センター	260.6	504.4	69.5	448.4	336.3

(出典：日本電設工業協会・電気設備学会 D&Dデータ)

高圧受電の計画

受変電設備の形式は，大きく分けて開放型と閉鎖型（屋内型と屋外型）に分類できるが，最近の建物では安全性・保全性を考慮して閉鎖型が多く採用されている．

図5・4に閉鎖型受変電設備（屋外キュービクル）の外観を示し，図5・5に受変電設備の主要機器構成を示す．

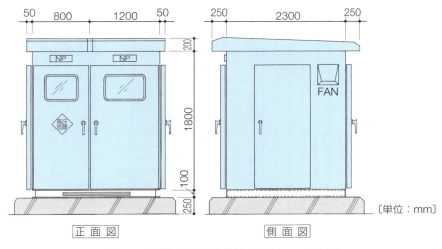

図5・4 閉鎖型受変電設備例（屋外キュービクル）

5-1 建物に電気を取り入れる設備（受変電設備）

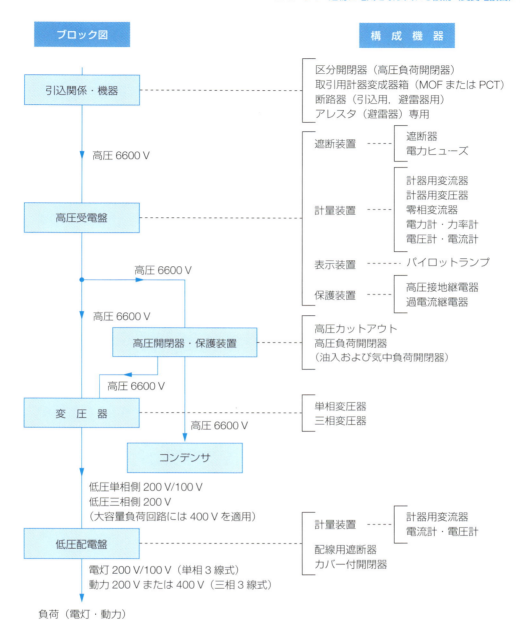

図 5・5　変電設備主要機器構成

用語解説
- **高圧開閉器**……高圧の電気を使用する場所（主に受変電設備）で，電力の供給を遮断できるようにする機器（メンテナンス時などに使用）．また，配線や使用機器の不具合や事故などが発生した場合，電力の供給を緊急遮断するための機器．
- **変圧器**……交流電力の電圧高さを電磁誘導を使用して最適な電圧に変成するもので，トランスとも呼ぶ．変圧器によって電圧を変えることを変圧という．
- **コンデンサ**……電力（電気）を蓄えたり，放電したりする機器で，電源を安定化させる目的で設置する．ノイズを減らす効果や力率を改善する効果もある．

□□ 5章 建築と光（電気設備） □□

電気室の大きさ

受変電設備を建家内の電気室に収納する場合の電気室必要面積は，表5·2により概算値を求めることができる．

表5·2 電気室面積

高圧変圧器総容量〔kVA〕	高圧受電						特別高圧受電
	～300	～500	～1000	～1500	～2000	～5000	
電気室面積〔m^2/kVA〕	0.1300	0.0953	0.0749	0.0597	0.0645	0.0439	0.0573

（出典：日本電設工業協会・電気設備学会　D&Dデータ）

解いて理解！

今計画している建物が，2000 m^2 のオフィスビル（事務所）とする．必要な電気室の面積を求めてみる．

【解答】
- まずは低圧受電方式か高圧受電方式かを計算し決める．表5·1より，
    契約電力 81 W/m^2×2000 m^2＝162000 W → 162 kW
となり，50 kW以上なので高圧受電方式となる．
- 次に，必要設備容量を表5·1を利用して算出する．
    電灯変圧器容量：86.4 VA/m^2×2000 m^2＝172800 VA → 172.8 kVA…①
    動力変圧器容量：106.5 VA/m^2×2000 m^2＝213000 VA → 213 kVA…②
となり，各設備容量は，電灯 172.8 kVA以上，動力 213 kVA以上必要となる．
- 必要な電気室の大きさとしては
    高圧変圧器容量：①＋②＝385.8 kVA
となり，表5·2より，
    2000 m^2×0.0953 m^2/kVA＝190.6 m^2
必要となる．

ここが大事！

* 計画建物について，受変電設備の要否を判定する．
* 要否の判定は，設備容量を算出し，その値が 50 kVA を超過するか否かにて行うが，実際は契約電力により電力会社との協議が必要である．
* 引込み方式は，電力会社と協議し，地中線方式か架空線方式かを判定する．
* 電力会社と協議し，引込み柱（電柱）または引込みキャビネットの位置を決める．
* 受変電設備（電気室）の位置は，災害（地震や水害など）に影響を受けない場所とするのが望ましく，経済性を考慮して場所を決める．

5-2 災害時の電気設備（自家発電設備）

　地震，台風，大雨，大雪などの自然災害や，鉄塔や電柱の倒壊などにより停電になった場合，建物が機能しなくなる．病院，避難施設や公共機関など停電時でも機能を維持しなければならない重要な建物には，一定の電力を安定的に確保するため，需要家にて自家発電機を設置し，電力を供給できるようにする必要がある．

発電機の種別

　自家発電機には，400 V 以下で発電する低圧型発電機と，6600 V で発電する高圧型発電機がある．小型（20 kVA）～中型（750 kVA）程度までは低圧型発電機を利用し，中型（400 kVA）以上は高圧発電機を利用する．なお，中型の発電機については，使用目的（接続する電圧）により低圧または高圧を選定する．

　発電装置には主にディーゼル機関を使用したディーゼル式発電機とガスタービンエンジンを利用したガスタービン式発電機があり，その特徴を表 5・3 に示す．

発電機の構成

　発電機には，空気で発電機を冷やす空冷式と，水で冷やす水冷式がある．
　空冷式の標準的な構成を図 5・6 に示す．

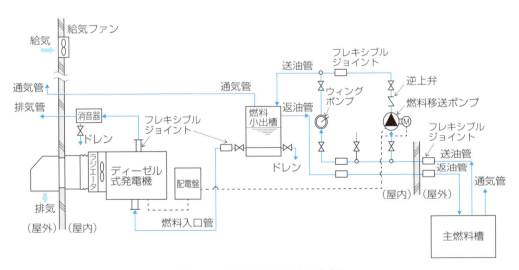

図 5・6　空冷式発電機の機器構成図

表5・3 各発電機の特徴

項目＼発電装置	ディーゼル機関	ガス機関	ガスタービン
作動原理	断続燃焼する燃焼ガスの熱エネルギーを一旦ピストンの往復運動に変換し，それをクランク軸で回転運動に変換（往復運動→回転運動）		連続燃焼している燃焼ガスの熱エネルギーを直接タービンにて回転運動に変換（回転運動）
出力範囲	10～8000 kW	10～6000 kW	200～10000 kW
熱効率	33～45％	25～45％	20～33％
一般的な使用燃料	軽油	都市ガス	灯油，軽油，都市ガス
燃焼用空気	1倍	ディーゼル機関に比べ 理論混合比燃焼 0.4～0.7 倍 希薄燃焼 1倍	ディーゼル機関に比べ 約 2.5～4 倍
冷却水	必要	必要	不要
起動時間	5～30 秒	10～40 秒	20～40 秒
軽負荷運転	燃料の完全燃焼が得られにくい．	希薄燃焼の場合は，燃焼が不安定になる場合がある．	特に問題ない．
NOx 量等	500～950 ppm （O_2 濃度 13％）	10（三元触媒付）～300 ppm （O_2 濃度 0％）	10～150 ppm （O_2 濃度 16％）
振動	大（防振装置により減少可能）	大（防振装置により減少可能）	小
体積・重量	構成部品点数：多い 寸法，重量：大		構成部品点数：少ない 寸法，重量：小
据付	本体据付面積・基礎：大 吸気・排気の消音器：小 始動装置：小		本体据付面積・基礎：小 吸気・排気の消音器：大 始動装置：大

用語解説

- **発電機**……エンジンなどを利用し，機械的エネルギーを電気エネルギーに変換して，電力を取り出す機械．
- **ディーゼル発電機**……ディーゼル機関（エンジン）を原動機とした発電機．
- **ガスタービン発電機**……ガスタービン式エンジン（ヘリコプターなどの航空機エンジン）を利用した発電機．

解いて理解！

今計画している 3000 m^2 の病院に非常用発電機を設置する場合，必要発電機容量はいくらか，求めてみる．

【解　答】　前記表5・1の「非常用発電機容量」より，
34.4 VA/m^2×3000 m^2＝103200 VA → 103.2 kVA 以上の発電機が必要となる．

ここが大事！

自家発電機には，災害時など停電が発生した場合に需要家にて電力をつくる非常用発電機と，需要家が通常使用する電力をつくる常用発電機がある．非常用発電機と常用発電機では，適用される法規・規則などが大きく違うため，運用目的・設置目的などを十分に理解する必要がある．
また，発電機の設置場所は，災害（地震や水害など）に影響を受けない場所とするのが望ましい．

5-3 新しいエネルギーの利用設備（自然エネルギー設備）

　日本で生産される電気エネルギーは，2011年の震災以降，化石燃料（石油，石炭，天然ガスなど）を主流として生産されていて，生産の際に出る炭酸ガス（CO_2）が地球環境破壊の悪影響をおよぼすため大きな問題となっている．地球環境を守るため，CO_2の削減が急務であり，CO_2の排出力が少なく，安全で再生可能なエネルギー（自然エネルギー）を利用することが，今後の建物では大切である．

自然エネルギーの種類

　自然エネルギーには，現在多種多様な種類がある．主な種類は下記表5・4のとおりである．各発電方式には特徴があり，向き不向きがあるので，設置場所・発電能力（発電量）・地形などを十分考慮して選択する必要がある．
　なかでも，建物に設置しやすく，安価な太陽光発電設備の普及が進んでいる．

表5・4　自然エネルギーの主な種類

発電方式	季節変動	日間変動	設置場所	問題点
水力発電	変動する	安定	ダムの設置が可能な場所	ダムや貯水池にためた水でタービンを回し電力を得るシステム．炭酸ガスの発生減少には有効だが，ダムや貯水池の設置が必要で，自然環境を大きく変えてしまうため，今後は建設が難しい．
地熱発電	安定	安定	高温の蒸気が埋蔵されている所	地中から取り出した水蒸気または温水を利用してタービンを回し電力を得るシステム．設置可能な場所が温泉地の近傍や自然公園などで設置が難しく，温度管理，蒸気の成分により機器の腐食への対応が必要．
太陽光発電	変動する	変動する	日照時間の長い所	太陽光を太陽電池アレイで吸収し電力に変換するシステム．電力需要が高いとき発電量が増える特徴があるが，天候に左右され曇りや雨の日は発電量が減る．夜間は発電しないなど時間帯により発電量が変化し，不安定な電力となる．
風力発電	変動する	変動する	安定した風速がある所	風の力を利用しタービンを回して電力を得るシステム．夜間でも風が吹けば発電するが，風力に左右され安定した風速がないと安定した電力を得られない．また，騒音や安全性などを考慮して広い場所が必要となる．

太陽光発電装置の機器構成

現在多く普及し需要が多い，代表的な自然エネルギーシステムである太陽光発電装置の機器構成を図5・7に示す．

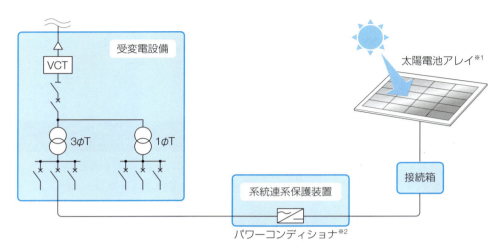

※1 光起電力効果を利用し，光エネルギーを電力に変換する機械．太陽電池がパッケージ化されたソーラーパネル，ソーラーモジュールを複数接続して必要となる電力を得られるように設置したものをソーラーアレイと呼ぶ．
※2 太陽電池などで得られた電力は直流のため，一般に使用できるように交流に変換する装置．保護装置なども一緒に組み込まれることが多い．

図5・7 太陽光発電装置の機器構成

ここが大事！

太陽光発電装置は，発電装置（太陽光パネル）の発電量を見極め，設置位置（方位や角度）や容量を決める必要がある．

年間予想発電量の算出は次による．

$$E_p = K \cdot P \cdot \frac{H}{G} \cdot 365$$

ここに，E_p：年間予想発電量〔kW・h〕
　　　　K：損失係数＝0.73
　　　　P：アレイ出力〔kW〕
　　　　H：設置面の1日当たりの年平均日射量〔kW・h/(m²・日)〕
　　　　G：標準状態における日射強度〔kW/m²〕＝1〔kW/m²〕
　　　　365：年間の日数〔日〕

5-3 新しいエネルギーの利用設備(自然エネルギー設備)

> **解いて理解！**
>
> 太陽光発電装置の年間予想発電量を計算してみよう．
>
> 例：東京地域，太陽光方位は真南，傾斜角度 30° で太陽光発電装置 10 kW 容量を設置した場合

表5・5　月平均日積算傾斜面日射量〔kW·h/(m²·日)〕

地点	方位角	傾斜角	1月	2月	3月	4月	5月	6月	7月	8月	9月	10月	11月	12月
東京	0° 真南	水平面	2.40	2.85	3.59	4.02	4.60	4.05	3.98	4.26	3.20	2.76	2.23	2.12
		10°	2.90	3.22	3.86	4.14	4.63	4.03	3.97	4.34	3.33	3.02	2.58	2.57
		20°	3.33	3.52	4.05	4.17	4.56	3.94	3.89	4.32	3.40	3.20	2.88	2.97
		30°	3.67	3.73	4.14	4.12	4.39	3.77	3.74	4.22	3.39	3.32	3.10	3.29
		40°	3.93	3.86	4.14	3.98	4.14	3.54	3.52	4.02	3.32	3.36	3.26	3.52
		90°	3.64	3.12	2.83	2.23	1.98	1.76	1.74	2.07	2.08	2.51	2.84	3.31

【解　答】　まずは，設置面の 1 日当たりの年平均日射量を求める．上記表（月平均日積算傾斜面日射量）1月から12月までの日射量平均を出すと，

$$44.88 \text{ kW·h/(m}^2\text{·日)} \div 12 \text{ 月} = 3.74 \text{ kW·h/(m}^2\text{·日)}$$

日射強度を 1 とした場合，前ページの式から

$$年間予想発電量 = 損失係数 \times アレイ出力（太陽光発電装置容量） \times \frac{年平均日射量}{日射強度} \times 365$$

$$年間予想発電量 = 0.73 \times 10 \times \frac{3.74}{1} \times 365$$

年間予想発電量は，約 9965 kW となる．

5-4 物を動かすための設備（動力・幹線設備）

　動力・幹線設備は，建物内に設置される冷暖房機，換気扇などの空調設備，給排水ポンプなどの衛生設備，エレベータなどの搬送機器など設備機器や，生産用機器などの動力機器，照明やコンセントなどの電灯機器に電源を供給するものである．

動力設備

　建物での電動機とは，主にモータやポンプ，ファンなどを示し，動力設備は電動機を利用した空調設備・衛生設備などに電源を供給する．

　電動機には大きく分けて，直流型電動機と交流型電動機とがある．近年ではインバータ制御方式（モータの回転速度を制御）を用いて，モータを適切な回転に調整し省エネを考慮した電動機が増えている．

幹線設備

　受変電設備より動力設備または電灯設備（照明またはコンセントなど）までの配線を幹線という．幹線は，末端に接続される機器類（照明や電動機）に対して最低電圧を確保することが重要となり，許容される電圧降下は受変電設備からのこう長により異なる．許容される電圧降下を表5・6に示す．

表5・6　こう長による電圧降下

	こう長	電圧降下 幹線	電圧降下 分岐
一般供給の場合	60 m 以下	2% 以下	2% 以下
	120 m 以下	4% 以下	
	200 m 以下	5% 以下	
受変電設備のある場合	60 m 以下	3% 以下	2% 以下
	120 m 以下	5% 以下	
	200 m 以下	6% 以下	

> **ここが大事！**
>
> 　たとえば，受変電設備のある建家で，100 V の幹線を 50 m 配線する場合，許容される電圧降下は上記表5・6より 3% となる．従って，許容される電圧降下は，
> 　　　　100 V×3%＝3 V
> までとなり，3 V を超えない配線を選定する必要がある．

5-4 物を動かすための設備（動力・幹線設備）

> **解いて理解！**
> 受変電設備のある建家で，100 V 配線で 50 A の負荷電流を 50 m 配線する場合の計算を行う．

電圧降下の計算式は下記となる．

$$e = \frac{K \cdot I \cdot L \cdot Z}{1000} = \frac{K \cdot I \cdot L \cdot (R \cos \theta + X \sin \theta)}{1000}$$

$Z = R \cos \theta + X \sin \theta$

ここに，
- e ：電圧降下〔V〕
- K ：電気方式による係数
- I ：設計負荷電流または最大使用電流〔A〕
- L ：こう長〔m〕
- R ：電線 1 km 当たりの交流導体抵抗〔Ω/km〕
- X ：電線 1 km 当たりのリアクタンス〔Ω/km〕
- Z ：電線 1 km 当たりのインピーダンス〔Ω/km〕
- $\cos \theta$ ：力率

まずは，許容される電圧降下を算出すると，表 5・6 より，

100 V×3%＝3 V

となり，電圧降下を 3 V 以下にする必要がある．

電線 1 km 当たりのインピーダンス〔Ω/km〕　CVT ケーブル 14 mm^2：1.71
　　　　　　　　　　　　　　　　　　　　　CVT ケーブル 22 mm^2：1.08

とし，電気方式による係数を 1 とした場合，

これを上記計算式に当てはめると，

CVT ケーブル 14 mm^2 を使用した場合，

電圧降下 3 V＞1×50 A×50 m×1.71〔Ω/km〕/1000＝4.275 V

となり 3 V を超えてしまうので NG となる．

CVT ケーブル 22 mm^2 を使用した場合，

電圧降下 3 V＞1×50 A×50 m×1.08〔Ω/km〕/1000＝2.7 V

となり 3 V 以下なので，最適なケーブルサイズは CVT22 mm^2 となる．

5-5 光を与える設備（電灯設備）

照明を設置する際，照明計画を通じて室内の明かり環境を整えることが必要である．部屋の用途によって異なる必要照度の決定と経済性の両面を検討し，最適な照明器具を選択し器具配置を定め，その照明効果を予測することが重要である．各室の照度は「照度基準」に基づき，光束方式または点光源方式を用いて計算すること（一般的には光束方式が主流である）．

照明の種類

現在使用できる照明は省エネルギー性の高いLED照明器具となっている（白熱灯・蛍光灯類は，今後使用できなくなる）．照明制御装置などを採用し，省エネルギーを考慮するとよい．

照明の方式

照明方式は，部屋全体をほぼ一様な明るさにする全般照明方式（平均照度方式），スタンドやスポットライトなど使用し必要な部分のみを照らす局部照明方式，全般照明と局部照明を併用する方式がある．

全般照明は，照明器具を天井や壁などに取り付け直接照らす直接照明方式と，照明器具が直接見えないよう隠した，間接照明方式がある．

照度計算

必要ランプ本数の求め方は，下記計算により各部屋ごとに必要な照明器具台数を算出する．

$$N = \frac{E \cdot A}{F \cdot U \cdot M}$$

ここに，N：器具（またはランプ）の数〔台〕（または〔本〕）
　　　　E：設計照度〔lx〕
　　　　A：被照明面積〔m^2〕
　　　　F：器具（またはランプ）の光束〔lm〕
　　　　U：固有照明率（または照明率）
　　　　M：保守率

同じ照明器具を取り付けた場合でも，取り付ける周囲環境で汚れなどにより光束が減少するため，これを補う目的であらかじめ見込んでおく必要がある．これを保守率という．

各部屋の標準照度基準はJISやその他の規格により決まっている（表5・8参照）．

表5・7 保守率（照明器具の周囲環境）

周囲環境	環境条件	主な室の例
良い	塵埃の発生が少なく常に室内の空気が清浄に保たれている場所	設計室，分煙された室
普通	一般に使用される施設，場所	事務室，玄関ホール，待合室
普通	水蒸気，塵埃，煙などがそれほど多く発生しない場所	電気室，倉庫
悪い	水蒸気，塵埃，煙などを多量に発生する場所	厨房，屋内駐車場

（出典：照明学会／JIEG-001「照明設計の保守率と保守計画」（第3版））

表5・8 JIS 照度基準抜粋

室名	設計照度〔lx〕	照明器具のグレア規制	平均演色評価数（Ra）
事務室	750	G0，G1b	80
上級室	750	G0，G1b	80
設計室，製図室	750	V，G0，G1b	80
電子計算機室	500	G0，G1b	80
監視室，制御室	500	V，G0，G1b	80
厨房	500	G1b，G2	80
会議室，講堂	500	G0，G1b	80
食堂	300	G1b，G2	80
電気室，機械室	200	G2，G3	60
書庫	200	G2，G3	80
倉庫	100	G2，G3	60
湯沸室	200	G1b，G2	80
便所，洗面所，更衣室	200	G2，G3	80
EV ホール，受付	300	G1b，G2	60
階段室	150	G2，G3	40
玄関ホール	100	G1b，G2	60
廊下	100	G2，G3	40
車庫	75	G2，G3	40

（JIS Z9110-11）

コンセント設備

照明器具や電化製品など，コンセントに接続して使用する電気製品は，電気的に接続する必要（電気を供給する必要）がある．コンセントなどに送る電気回路は，1回路（1分岐ブレーカ）20 A とし，1回路当たりの負荷容量は 16 A 以下とすること．コンセント接続図を図 5・8 に示す．

□□ 5章 建築と光（電気設備）□□

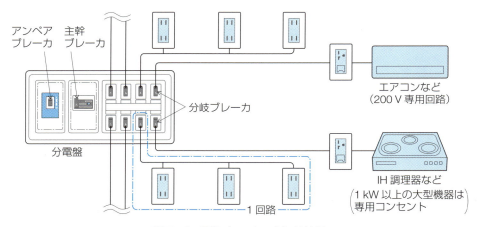

図 5・8 電源（コンセント）接続図

> **解いて理解！**
>
> 300 m² の事務室の必要照明器具台数を計算してみる．
>
> 【解　答】
> ・事務室の必要照度は表 5・7 より 750 lx とする．
> ・照明器具の仕様は，LED 照明で天井埋込型，取付高さ床面より 2.7 m，光束 4750 lm とする．
> ・照明率は，反射率：天井 70%，壁 50%，床 10%，部屋指数 1 の場合，係数は 0.58 とする．
> ・保守率（照明器具の周囲環境）は，普通の場合の係数は 0.81 とする．
> ・176 ページの計算式より，
>
> $$必要照明器具台数 = \frac{照度 \times 面積}{光束 \times 照明率 \times 保守率}$$
>
> $$= \frac{750 \times 300}{4750 \times 0.58 \times 0.81}$$
>
> $$= 100.82（台）$$
>
> → 101 台以上必要となる

> **ここが大事！**
>
> 　照明器具の配置は，最小の照度と最大の照度との差がなるべく少なくなるよう配置し，ムラが出ないよう考慮することが大事である（これを均斉度という）．
> 　また，部屋の特徴（使い勝手）に合わせ，照明器具の点滅のゾーニングなどをし，不要な部分を消すことができるなど，省エネも考慮する必要がある．
> 　たとえば，事務室や学校の教室など，南向きの窓がある場合，日中太陽光が差し込むため，照明器具を点灯する必要がない．その場合は窓際，中間，廊下側など点滅のゾーニングをして，使う用途および時間帯で点滅ができるようにする．また，廊下なども日中など明るい時間帯はすべて点灯する必要がないので，1/2 または 1/3 程度，間引き点灯できるようにする．

5-6 通信や情報を得る設備（弱電設備）

建物内外と通信を行ったり情報，映像などを送受信する設備を別名「弱電設備」とも呼ぶ．電気エネルギーを通信，音声，映像，表示，警報などのアナログ信号またはデジタル信号に変換して使う設備で，電力をそのまま使用する電力設備（通称「強電設備」）と区分して考える．

電話設備

外部通信業者から電話回線を引き込み，電話交換機を経由して電話機を接続し，電話回線が使用できるようにする．電話設備機器構成を図5・9に示す．

電話設備の必要回線数を標準回線数を表5・9に示す．

ただし，近年通信用ネットワーク回線を利用したIP電話方式や，個人個人に配布したモバイル電話を利用した方式など，固定電話回線を利用しない方式も増えてきているので，利用者の意見を尊重し電話方式や必要回線数を決める必要がある．

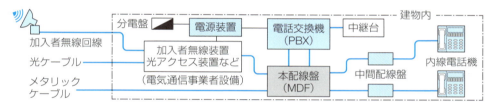

図5・9 電話設備機器の構成図

表5・9 電話設備標準回線数

業種	有効面積 10 m² 当たりの標準回線数	
	局線数	内線電話数
官公庁	0.2	0.5
商事会社	0.3	1.2
銀行	0.2	0.5
事務室	0.15	0.6
デパート	0.1	0.2
病院（病室）	0.03	0.03
病院（事務室）	0.15	0.15
証券会社	0.4	1.5
新聞社	0.2	0.7
共同住宅	1戸当たり 0.5〜1.0	0.2

■ ■　5章　建築と光（電気設備）　■ ■

> **用語解説**
> - **弱電**……電力を使用し，通信・信号・制御・情報他を伝えるための設備．
> - **強電**……動力や電気（電力）を供給するための設備．
> - **電話交換機（PBX）**……電話機を複数台使用する企業などで，電話回線を集約し，内線番号を用いて電話機同士で通話ができ，電話機から外線（外部）に発着信できるようにする機械．
> - **MDF**……主配線盤の略で，電話回線やネットワーク回線などの配線をここから行う．また，外部通信業者からの引込み配線も，この盤を利用する．

構内通信網設備（LAN 設備）

外部通信業者から通信回線（光ケーブルなど）を引き込み，サーバなどの機器を設置し，インターネットなどの情報通信ができるようにする．構内通信網設備の機器構成を図 5・10 に示す．

通信網設備の接続形態にはいくつかの方式がある．主な接続方法を図 5・11 に示す．

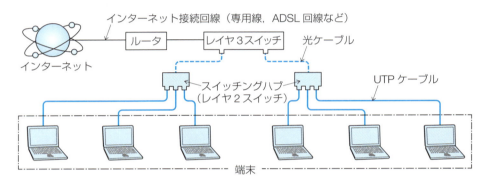

図 5・10　構内情報設備の機器構成図

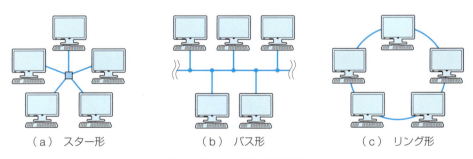

（a）スター形　　　　　（b）バス形　　　　　（c）リング形

図 5・11　通信網の接続方式

❶ **スター形**：すべて中央の機器に接続されるので，機器の増減が容易であるが，中央の機器が停止すると，すべての機器が停止する欠点がある．

❷ **バ ス 形**：非常に単純で容易な配線である．ただし，接続される配線に障害が生じた場合，すべての機器が停止する欠点がある．

❸ **リング形**：すべての機器をリング状に接続するため，障害が起きた部分または区間を簡単に切り離せるので障害に強い．ただし，このシステムは複雑で高価である．

❹ **そ の 他**：上記有線 LAN のほかに，近年普及がめざましい無線式 LAN などがある．

5-6 通信や情報を得る設備（弱電設備）

> **用語解説**
> - **ルータ**……1つのインターネット回線を複数のパソコンなどで共有できるようにする機器．
> - **スイッチング HUB**……インターネット回線からの信号を，宛先（IPアドレス）などを解析して必要なパソコンなどのみに送信する機器．
> - **レイヤ3スイッチ**……インターネット回線のデータを，宛先（IPアドレス）を判断して転送する機器．

拡声設備（放送設備）

拡声設備または放送設備といい，建家内に放送（音声）を流すことができるようにする．建物の種別・規模等で消防法により，非常警報設備として設置が義務づけられることがあるので，注意すること．拡声設備の機器構成を図5・12に示す．

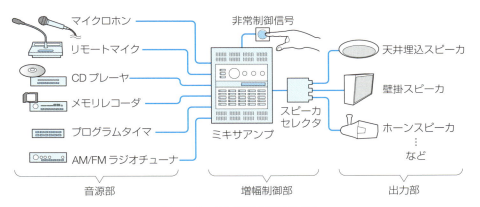

図5・12 拡声設備の機器構成図

> **用語解説**
> - **ミキサアンプ**……複数の音源（マイクやCDプレーヤーなど）入力をミックスし，増幅器（アンプ）を経て，スピーカに出力するもので，ミックス部分と増幅器が一体となった機器．
> - **スピーカセレクタ**……増幅器（アンプ）とスピーカの間に設置し，スピーカの回線を選択して，放送を流すエリアを特定する機械．
> - **直列ユニット**……中間型と端末型があり，両方ともテレビアンテナなどからの信号と，テレビ本体とを直接接続する機器（188ページ図5・13を参照）．

テレビ聴視設備

テレビ聴視設備は，建物に取り付けるテレビアンテナでテレビ信号を受信，またはCATV（ケーブルテレビ）を引き込んで，建家内でテレビが見られるようにするものである．テレビ聴視設備の機器構成を図5・13に示す．

5章 建築と光（電気設備）

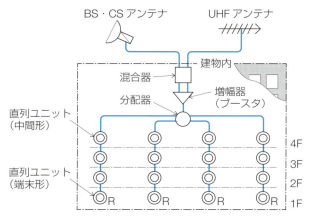

図5・13 テレビ聴視設備の機器構成図

防犯設備

建物のドアや窓にセンサなどを設置し，外部から侵入してくる人物などを早期に発見できるようにしたり，侵入してくる人物などを特定するため監視カメラなどを設置して，建物の防犯を行えるようにする．監視カメラにはアナログ方式とLANを利用したネットワーク方式がある．

監視カメラ機器構成を図5・14に示す．

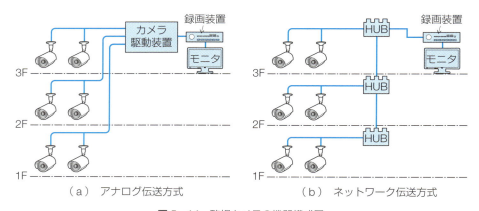

図5・14 監視カメラの機器構成図

情報表示設備

建物内の警報や呼出しを表示器に表すシステムや，建物内または建家外部と電話回線を介さずに通話できるインターホンを設置する．情報表示機器構成を図5・15に示す．

インターホン機器は，玄関など入口に設置されることが多い親子式と，小型のマンションなどに設置される相互式，大型のマンションなどに設置される複合式などがある．インターホン機器構成を図5・16に示す．

5-6 通信や情報を得る設備（弱電設備）

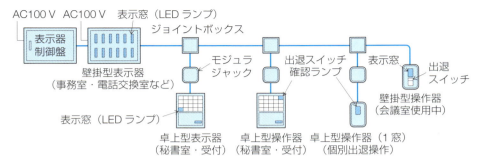

図5・15 情報表示設備の機器構成図

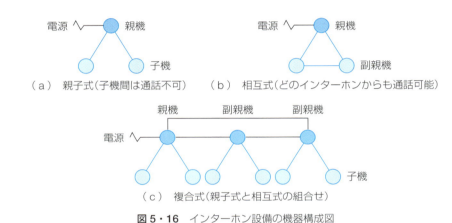

図5・16 インターホン設備の機器構成図

> **ここが大事！**
>
> ＊**電話設備，構内通信網設備**　近年，光ケーブルを利用し電話と構内通信網（通称LAN）設備を一体とした回線が多い．また，複数の通信業者と契約するなど複雑化している．使用者と綿密に調整を行い，通信形態・引込み数・方式などを決める必要がある．
>
> ＊**拡声設備**　増幅器（アンプ）の容量は，スピーカ取付個数×スピーカ1個当たりの容量で算出できる．たとえば，1個当たりの容量が3Wのスピーカが30個ある場合，3W×30個＝90Wとなり増幅器は90W以上必要となる．
> スピーカの設置は，事務室など静安な場所では50 m^2 に1個程度，食堂や廊下など騒音が気になる場所では30～50 m^2 に1個程度とする．ただし，まわりの騒音状況により増減すること．
>
> ＊**テレビ聴視設備**　テレビ端子（通称直列ユニット）で映像を映すには，最低57 dB以上の性能が必要である．
>
> ＊**防犯設備**　防犯のため，建家の入館または部屋への入室を制限するため，入退室装置が設置されることが多くなっている．入退室装置には多種多様なもの（カード式，指紋式など）があるので，使用者とよく検討し最良のものを選ぶ必要がある．

5-7 火災を知らせる設備（自動火災報知設備）

自動火災報知設備は，消防法に基づき，建物の種類・用途と規模に応じて，その設置が義務づけられている．

天井面などに設置した火災感知器で，火災の熱（または炎）や煙を感知し，異常を検出して火災の早期発見を行い，避難などを促すものである．

感知器の選定

感知器は法令，建物用途，部屋種別，その他により種別が，面積により個数他が決められている（表5・10）．

自動火災報知設備の機器構成

自動火災報知設備の受信機の種類は，建物用途・規模などにより決められる．受信機の種類はP型（1級・2級）とR型受信機がある．

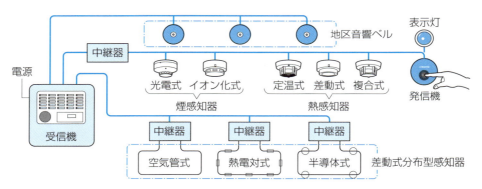

図5・17　火災報知設備の機器構成図

解いて理解！

主要構造を耐火構造とし，3階建て，延べ面積3000 m²，天井高さ4 m以下の建物において，1階の面積が1000 m²だったとき，1階に必要とする感知器はいくつになるか．

【解答】　表5・10より，差動式スポット型感知器（2種）を選定した場合，70 m²に1個必要となる．したがって，1000 m²÷70 m²＝14.2となり，15個必要となる．

5-7 火災を知らせる設備（自動火災報知設備）

表5・10 感知器の設置基準

感知器の種類			取付面の高さ	4m未満		4m以上8m未満		8m以上15m未満		15m以上20m未満
			防火対象物またはその部分の構造	耐火構造	その他構造	耐火構造	その他構造	耐火構造	その他構造	
差動式	分布型	空気管式		1 感知器の露出部分は，感知区域ごとに20m以上とする． 2 感知器の相互間隔は，耐火構造にあっては9m以下，その他の構造にあっては6m以下とする． 3 1の検出部に接続する長さは100m以下とする．						
		熱電対式		1 感知器は，感知区域ごとにその床面積が72m²（耐火構造にあっては88m²）以下の場合にあっては4個以上とする． 2 前1に18m²（耐火構造にあっては22m²）増すごとに1個設ける． 3 1の検出部に接続する数は20個以下とする．						
		熱半導体式		1 感知器は，感知区域ごとにその床面積が下欄で定める床面積の2倍の床面積以下の場合によっては2個（取付面の高さが8m未満で，下欄で定める床面積以下の場合は1個）以上とする． 2 1の検出部に接続する数は2個以上15個以下とする．						
			1種	65 m²	40 m²	65 m²	40 m²	50 m²	30 m²	
			2種	36	23	36	23			
	スポット型		1種	90	50	45	30			
			2種	70	40	35	25			
補償式	スポット型		1種	90	50	45	30			
			2種	70	40	35	25			
定温式	スポット型		特種	70	40	35	25			
			1種	60	30	30	15			
			2種	20	15					
	感知線型		1種	感知器は，感知区域ごとに取付面の各部分から感知器のいずれかの部分までの水平距離が3m（耐火構造にあっては4.5m）以下とする．						
			2種	感知器は，感知区域ごとに取付面の各部分から感知器のいずれかの部分までの水平距離が1m（耐火構造にあっては3m）以下とする．						
イオン化式光電式	スポット型		1種	150		75				
			2種	150		75				
			3種	50						
光電式	分離型		1種	1 感知器の光軸は，並行する壁から0.6m以上離す． 2 感知区域の壁から1の光軸まで水平距離7m以下とする．						
			2種							
熱複合式 熱煙複合式 煙複合式 多信号	スポット型			多信号機能を有する感知器は，その有する種別に応じて定める床面積のうち，もっとも大きい床面積以内とする．						

注）1．耐火構造とは，主要構造部を耐火構造としたものをいう．
　　2．その他の構造とは，1以外の構造のものをいう．

（出典：『考え方・まとめ方　屋内配線設計』第2版，牧野俊亮編，オーム社）

ここが大事！

* 自動火災報知設備の建物への設置は，消防法により決まっている．設置については，建物用途，面積などを考慮し，所轄消防署と調整して設置することが必要である．
* 近年火災による事故が多く，大規模になり多くの被害が出ている．早期の避難・消火のために大事な設備である．設置に対して十分な検討と注意が必要である．

5-8 落雷の被害を防ぐ設備（雷保護設備）

雷保護設備は，保護しようとする建築物などの対象物に接近する雷撃を，建物に取り付ける避雷針で受け止め，避雷針に接続された導線と接地極を通じて雷撃電流を大地に安全に放流することで，雷撃で生じる建築物などへの災害・破損および人体・動物への傷害を防止する．

雷保護設備の種別

雷保護設備による保護の目的には，外部雷保護と内部雷保護がある．
- **外部雷保護**：建物などに直接落ちてくる落雷から保護する．
- **内部雷保護**：電線などから異常電圧が伝わり，建家内部の機器などが破壊されることから保護する．

外部雷保護

外部雷保護の方法には，角度法・回転球体法・メッシュ法がある．建物用途，高さなどにより保護レベルが決まり，保護レベルに応じた保護を行う．保護レベルを表5・11に示す．

表5・11 外部雷保護のレベル

保護レベル	回転球体法 球体半径 R [m]	保護角法 高さ h に応じた保護角 α [°]				メッシュ法 メッシュ幅 [m]
		20 [m]	30 [m]	45 [m]	60 [m]	
I	20	25	—	—	—	5
II	30	35	25	—	—	10
III	45	45	35	25	—	15
IV	60	55	45	35	25	20

危険物貯蔵施設や危険物取扱所，病院など重要な施設は保護レベルII以上（多雷地域ではI以上が望ましい），一般的な建物では保護レベルIV以上（多雷地域ではIII以上が望ましい）となっている．

内部雷保護

雷が建物などに落ちると，外部から建物に引き込まれている電力用電線や通信線（電話，情報通信網（ネットワーク用ケーブル），CATVなど）を異常電圧が伝わり，建家内部の機器類を破壊する．その引込み線部を異常電圧から守る機器（アレスター（SPD）など）を設置する．

内部雷保護の設置機器構成を図5・18に示す．

5-8 落雷の被害を防ぐ設備（雷保護設備）

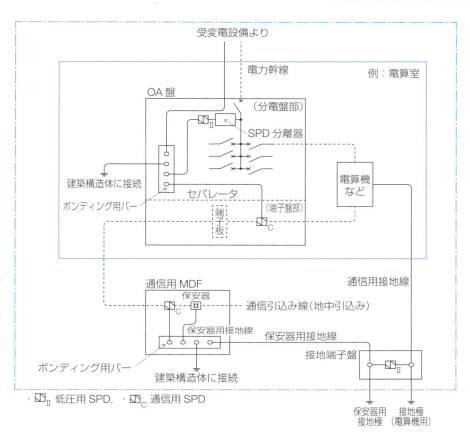

図5・18 内部雷保護の設置機器構成図（受変電設備がある場合の例）

解いて理解！

保護レベルⅢで建物高さ20 mの場合，右図の保護角法角度 α および回転球体法 R はそれぞれいくつになるか．

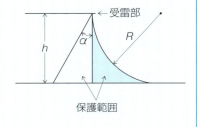

【解　答】　表5・11より，
・保護角法角度 α　：45°
・回転球体法半径 R：45 m
となる．

建築と輸送
（輸送・搬送設備）

6

6-1　人を運ぶ設備（輸送設備）
6-2　物を運ぶ設備（搬送設備）
6-3　車を置く設備（駐車場設備）

6-1 人を運ぶ設備（輸送設備）

　輸送設備は，建築物の規模により法的に設置しなければならない場合と，経済的な背景から設けられる場合がある．人を搬送する設備の場合は，安全性の確保がもっとも重要で，設置基準，安全基準，管理基準などが定められ，装置の保守点検も法的に厳しく規定されている．

エレベータ設備

　現在のエレベータは，ロープ式と油圧式に大きく分かれるが，ごく最近になってリニア式と呼ばれる，リニアモータ搭載型エレベータが開発されて話題になっている．

　ロープ式エレベータは汎用性が高く，走行機のスピード制御において広範囲にわたる調整が可能なため，中高層，超高層ビルに多用されている．電動モータによる駆動が主で，釣合いおもりを使用した「トラクション式」と巻胴（ドラム）にロープを巻き付ける「巻胴式」に分けることができる．

　油圧式エレベータは，昇降行程や速度に制限があり，電動ポンプで油圧を制御し，その圧力でかごを昇降させる．

　リニア式エレベータは，回転運動を直線運動に置き換えるリニアモータを利用する．キャビンを吊

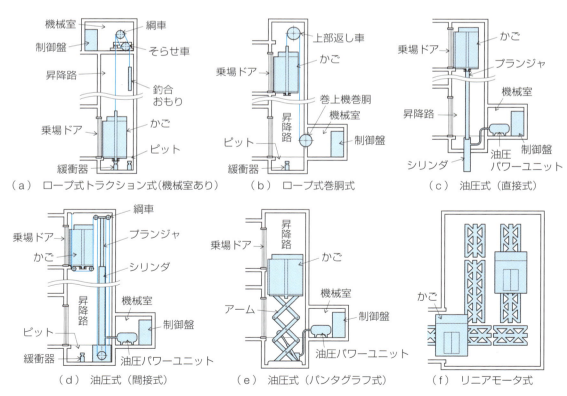

図6・1　エレベータの各種方式

表6・1 エレベータの詳細分類

分類	内容
用途による分類	① 乗用エレベータ（乗客を専用に運ぶ） ② 人荷用エレベータ（乗客と荷物を併用で運ぶ） ③ 荷物用エレベータ（荷物を専用に運ぶ） ④ 寝台用エレベータ（病院でストレッチャなどを専用に運ぶ） ⑤ 自動車用エレベータ（自動車を専用に運ぶ） ⑥ 非常用エレベータ（火災時の消防隊消火活動に利用，平常時は乗用または人荷用として使用）
速度による分類	① 低速エレベータ（30，45 m/min） ② 中速エレベータ（60，90，105 m/min） ③ 高速エレベータ（120，150，180，210，240，300 m/min） ④ 超高速エレベータ（360，420，480，540，600，750 m/min）
巻上電動機の種類による分類	① 交流エレベータ（速度 105 m/min 以上に適用） ② 直流エレベータ（速度 90 m/min 以上に適用）
ウォームギア減速機の種類による分類	① ギヤードエレベータ　　（イ）交流ギヤードエレベータ 　　　　　　　　　　　　（ロ）直流ギヤードエレベータ ② ギヤレスエレベータ
駆動方式による分類	① ロープ式エレベータ　　（イ）機械室あり 　　　　　　　　　　　　（ロ）機械室なし ② 油圧式エレベータ　　　（イ）直接式 　　　　　　　　　　　　（ロ）間接式 　　　　　　　　　　　　（ハ）パンタグラフ式 ③ リニア式エレベータ
操作方式による分類	① 運転手なし（フルオート）エレベータ ② 運転手付き（セミオート）エレベータ ③ 運転手付き，運転手なし併用エレベータ ④ 群管理エレベータ

るケーブルがなく，壁に取り付けられたガイドに沿って動く．しかも，縦方向だけでなく，直行する形で横方向にもガイドのユニット部分とキャビン側の駆動機構がそのまま 90 度回転する仕掛となっている．上記 2 方式のエレベータに比べて，機械室が小さく走行機の運行もスムーズで，振動，騒音も極めて少ないのが特徴であるが，現段階では施工時のイニシャルコストが割高になるのが難点である．

図 6・1 に各エレベータの概念図を示し，表 6・1 にエレベータの詳細分類を示す．

規格型エレベータ

現在，建物に使用されるエレベータの 80% 以上が規格型であり，この規格型エレベータは，量産体制がとりやすく価格が安く品質も安定している．

規格型エレベータの需要が伸びているのは，9 階建て程度の中規模建物に対して，機種が豊富にあり適応性に富んでいるためである．

規格型エレベータの種類を表 6・2 に示す．

表6・2 規格型エレベータの種類

定員〔人〕	積載量〔kg〕	形式	かご内法(B×A)〔mm〕	出入口幅〔mm〕	昇降路内法〔mm〕
6	450	P-6-CO-45	1400×850	800	1800×1500
		P-6-CO-60			
		P-6-CO-90			1850×1550
		P-6-CO-105			
9	600	P-9-CO-45	1400×1100	800	1800×1750
		P-9-CO-60			
		P-9-CO-90			1850×1800
		P-9-CO-105			
11	750	P-11-CO-45	1400×1350	800	1800×2000
		P-11-CO-60			
		P-11-CO-90			1850×2050
		P-11-CO-105			
13	900	P-13-CO-45	1600×1350	900	2150×2150
		P-13-CO-60			
		P-13-CO-90			
		P-13-CO-105			
15	1000	P-15-CO-45	1600×1500	900	2150×2300
		P-15-CO-60			
		P-15-CO-90			
		P-15-CO-105			

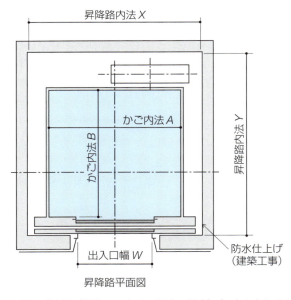

昇降路平面図

図6・2 平面寸法図（鉄筋コンクリート造の場合）〈1方向出入口タイプ〉

エレベータの設計標準

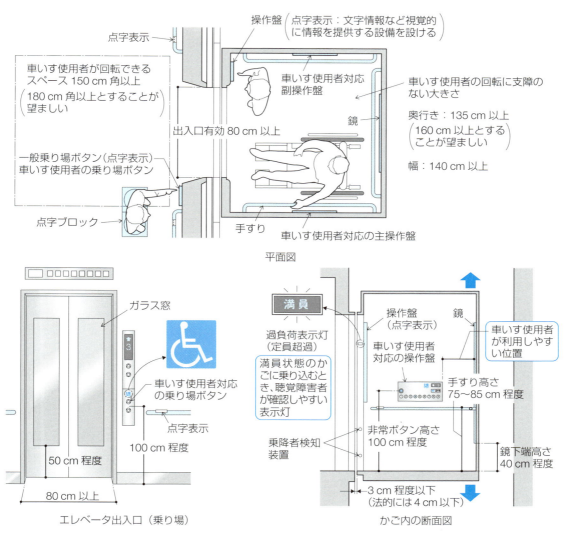

図6・3　平面図・エレベータ出入口・かご内の断面図

エレベータの輸送能力の求め方

エレベータの輸送能力は，5分間に運ぶことができる人数で示すが，その輸送力は次式により求めることができる．

$$\mathrm{HC} = \frac{P \times 300}{\mathrm{RTT}}$$

ここに，HC ：輸送力〔人/5 min〕
　　　　 P ：乗込み人数〔人〕（ただし，想定人数の 80% とする）

RTT：1周時間〔h〕（エレベータが最下階から最上階までを一往復する時間）

300：利用者の乗降時間，扉開閉時間，走行時間，損失時間などから成り立つ係数．

ちなみに，輸送力 HC は，「Handling Capacity」の略であり，1 周時間 RTT は，「Round Trip Time」の頭文字を取って示したものである．

> **解いて理解！**
>
> 計画したエレベータは，定員 20 人，最大積載量 1300 kg のロープ式である．仮に，そのエレベータの 1 周時間が 150 秒であるとき，このエレベータの輸送力（HC）を計算し，エレベータ使用人員が 80 人に達したときのエレベータ必要台数を算定せよ．
>
> 【解 答】 エレベータの輸送力は，5 分間に運べる人数で表し，そのときの乗込み人数は，想定人数の 80% として計算するのであるから，
>
> $$輸送力(HC) = \frac{(20 人 \times 0.8) \times 300}{150 \text{ s}} = 32 人/5 \text{ min} \text{ となる．}$$
>
> また，この建物におけるピーク時 5 分間当たりの最大交通需要が 80 人程度と予測される場合，建物に必要なエレベータの台数は，
>
> $$エレベータ台数 = (80 人/5 \text{ min}) \div (32 人/5 \text{ min}) = 2.5 \Rightarrow 3 台$$
>
> ゆえに，この計画建物には 3 台のエレベータが必要となることがわかる．

> **ここが大事！**
>
> * 複数のエレベータを並列運転する場合，各エレベータの平均 1 周時間をその台数で除した時間を平均出発間隔といい，この間隔の長短はエレベータサービスを図る評価値として用いられ，一般には 40 秒以内が限度とされている．
> * 計画建物の高さが 31 m を超える場合は，原則として非常用エレベータの設置が義務づけられている（建築基準法第 34 条・同施行令第 129 条）．非常用エレベータであっても，その昇降路内の電気配線は，耐熱配線としなくてもよい．
> * 油圧エレベータの圧力配管には，有効な圧力計を設けなければならない．

エスカレータ設備

今日のエスカレータは，建物内部だけでなくその大量輸送力を生かして，駅舎やペデストリアンデッキなどにも数多く設置されている．動く歩道も駅や空港，ショッピングセンタなどに多く設置されるようになってきた．

エスカレータおよび動く歩道の公称輸送能力と，勾配と定格速度は次の表を参照のこと．ただし，実際に輸送力を計算する場合には，この公称輸送力の 75～85% で計算するのが普通である．

表6・3 エスカレータおよび動く歩道の公称輸送能力

公称輸送能力〔人/h〕	形式	定格速度				
		20 m/min	30 m/min	40 m/min	45 m/min	50 m/min
	S600型	3000	4500	6000	6750	7500
	S1000型	6000	9000	12000	13500	15000

表6・4 エスカレータおよび動く歩道の勾配と定格速度

	勾配		定格速度
動く歩道	8°以下		50 m/min 以下
エスカレータ	8°を超え30°以下	15°以下で階段が水平でないもの	45 m/min 以下
		階段が水平なもの	
	30°を超え35°以下		30 m/min 以下

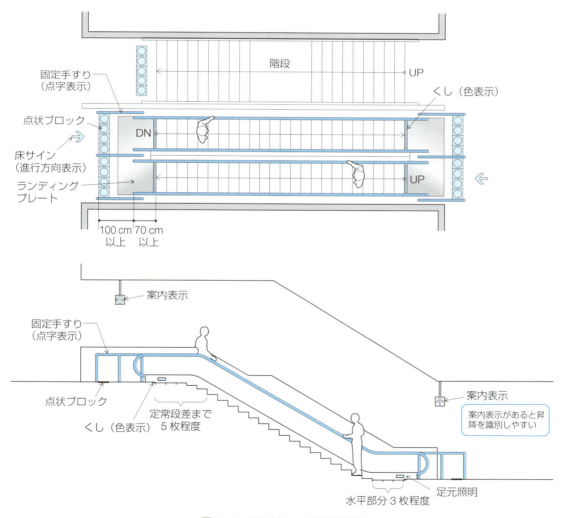

図6・4 エスカレータの設計標準

エスカレータの必要台数の求め方

一般に，エスカレータの台数を決める方法として，輸送密度比（density ratio）法が用いられる．輸送密度比を D とすれば，次式で計算できる．

$$D = \frac{A}{C}$$

ここに，A：エスカレータ設置対象面積〔m^2〕
　　　　C：エスカレータの階間輸送力〔人/h〕

なお，この計算式で求めた D 値が 1.5 以上の数値であれば，設置されたエスカレータによる輸送サービスは良好とされている．

また，デパートなどの例では，設置するエスカレータの必要台数を算出する場合，D 値は，売り場面積 1 m^2 当たり，1 時間の期待集客数として算出される場合もある．

エスカレータの輸送能力の求め方

標準的なエスカレータ（S600 型〜S1000 型）の公称輸送能力を表 6・3 に示したが，計画上の輸送能力を求めるには，その概算計算式として次式を用いて計算する．

$$C〔人/h〕= \frac{N \times S \times 60}{B}$$

ここに，C：エスカレータの実行輸送力〔人/h〕
　　　　N：階段当たりの乗員数〔人〕
　　　　S：階段の運行速度〔m/min〕（ただし，標準値は 30 m/min）
　　　　B：階段奥行き寸法〔m〕（各メーカの平均値は約 0.4 m 程度）

ちなみに，S600 型エスカレータの N 値は 1 人，S1000 型エスカレータは N 値は 2 人として計算するのが普通である．

ここが大事！

* エスカレータ配置計画の最重要課題は，エスカレータが無理なく配置できることはいうまでもないが，特に店舗（デパート，大型スーパーマーケット）などの計画では，エスカレータの展望特性を生かし，かつ買物客の動線重複を回避するため，複列交差方式をもって計画されることが多い．
* エスカレータに関する法令は，建築基準法施行令第 129 条の 12（エスカレータの構造）などがある．
* エスカレータの設置用竪穴開口部は，消防法による竪穴防災区画の適用を受けるので，防災上の防排煙設備を設ける必要がある．

6-2 物を運ぶ設備（搬送設備）

建物内には，その用途に合わせてさまざまな搬送設備が設置される．主なものに，気送管搬送，自動走行搬送，小荷物専用昇降機，ゴンドラ，リフトなどがある．

気送管搬送設備

気送管搬送設備（エアシュータ）は，ちょうど「吹き矢」と同じ原理で，気送子と呼ばれる搬送容器を空気圧を利用してチューブ（パイプ状の管路）内で移動させて，書類や物品を搬送する設備である．この装置はおおむね以下のような方式に分類できる．

（1） **スイッチ式**　　単管または複管でターミナルステーションのスイッチの操作で作動する．
（2） **自動出発式**　　単管で操作は（1）とほぼ同じだが，ターミナルステーションに，待機，自動出発機能，行先記憶機能がある．
（3） **フルオートマチック式**　　気送子が行先記憶機能を有し，行先のコード番号に合わせて送信機に入れるだけで，自動的に目的のステーションに搬送される．

自動走行搬送設備

通常，自走式コンテナと呼ばれるもので，ボックス上の搬送容器自体が駆動装置を持ち，レール上を水平は車輪走行，垂直はラックピニオン機構による走行で，立体的な輸送が可能な装置である．

小荷物専用昇降機（ダムウェータ）設備

荷物運搬専用のエレベータで，かごの床面積が $1\,m^2$ 以下，かつ天井高さ $1.2\,m$ 以下の小規模のものをいう．建築設備として確認申請が必要かどうかは，特定行政庁により異なる．

ダムウェータの分類

現在，一般的に使われているダムウェータは，機種，機能，積載量別に分類すると，次のようになる．
（1） **機種別分類**　　テーブル型とフロア型の2種類に分類できる．
❶ **テーブル型**：扉が腰高（床から扉まで 600〜700 mm）にあるタイプ
❷ **フロア型**：扉と床が同じ高さにあるタイプ
（2） **出入口による分類**　　出入口の方向によって，一方向型，貫通二方向型，直角二方向型の3種類に分類できる．
（3） **積載量による分類**　　積載量別に，50 kg 型，70 kg 型，100 kg 型，150 kg 型，200 kg 型，300 kg 型，500 kg 型の7通りに分類できる．
上記のほか，操作方法による相互開放式，復帰方式，また連絡方式によるインターホン方式，伝声管方式などの分類がある．

その他の設備

ゴンドラ設備

建物関連でゴンドラ設備といえば，建物の外壁清掃用ゴンドラを指していう場合が多く，一般的に清掃する方法から，清掃員がかご（走行機）内に乗り込む有人ゴンドラと，清掃員を必要としない自動窓ふきロボット型ゴンドラに分けられる．

また最近では，建物の外壁メンテナンスを考慮して，自動窓ふきロボットにも，取替え可能な作業かごを配備するケースが増えている．

リフト設備

建物内で書類，情報誌，小物品の集配を自動的に行う場合に最適な設備であるといえる．

建物の規模あるいは搬送量により，小中量搬送用のリフト式と，大量輸送用の循環式があり，これらを総称してバーチカルコンベアシステムということもある．

> **ここが大事！**
>
> 各設備の搬送器の一般的な容積，積載重量，主たる搬送物など
>
> **＊エアシュータ**
> 　搬送器の容積：215 mm(L)×38 mmφ〜400 mm(L)×192 mmφ
> 　搬送積載荷重：200 g〜10 kg
> 　管路曲率半径：200 g 級 600 R〔mm〕，10 kg 級 2000 R〔mm〕
> 　主たる搬送物：書類，伝票，サンプル（テストピースなど）など
>
> **＊バーチカルコンベア**
> 　搬送器の容積：510 mm(L)×350 mm(W)×210 mm(H)
> 　搬送積載荷重：15 kg
> 　主たる搬送物：書類，情報誌，小物品，薬品，検体など
>
> **＊自走式コンテナ**
> 　搬送器の容積：405 mm(L)×125 mm(W)×310 mm(H)
> 　搬送積載荷重：200 g〜10 kg
> 　主たる搬送物：情報誌，書類，小物品など

6-3 車を置く設備（駐車場設備）

駐車場設備は，条件により多岐にわたる．構造形態，駐車方式などを考慮して最適な方法を設定する必要がある．

駐車場の設置条件

駐車場の設置については，ビルオーナーが自ら建物の用途，規模，入居テナントの実態などを考慮して，必要駐車台数に応じた駐車場を設置する（任意設置という）ものと，地方公共団体が，駐車場整備地区または商業地域内の 2000 m^3 以上の建築物の新築，増築に対し，その建築物，または建築物の敷地内に駐車施設を設置することを，条例で義務づけたもの（附置義務設置）がある．

ビル所在地の条例によっては，規定規模以外の建物についても強制的に，駐車場の設置（附置）を義務づけられる場合もあるので，駐車場の設置に際しては，条例施行自治体とよく協議をする必要がある．

駐車場の分類

法体系に基づく分類

駐車場の形態を法的条件に基づき分類すると，おおむね図 6・5 に示すような体系となる．

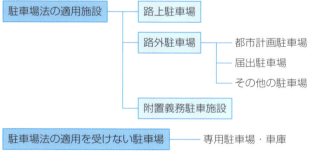

図 6・5 法体系に基づく駐車場の分類

法令に基づく駐車場は，公共駐車場と専用駐車場に大別され，特に銀行や自動車会社などにおける任意の専用駐車場は，「駐車場法の適用を受けない駐車場」に該当し，駐車場法は適用されない．

また公共駐車場の中で，「路上駐車場」は，道路の一定の区域に限って設置される施設で，類似施設としてパーキングメータがある．

「届出駐車場」は，駐車場の駐車占有面積が 500 m^2 以上の有料駐車場をいう．設けるとき，駐車場の位置，規模その他について，都道府県知事に届出をしなければならない．

運営条件による分類

運営条件により分類すると，以下の3つの方式がある．

（1） **直営方式**　　駐車場の経営維持管理などの一切を設置者自らの手で直接行う方式をいう．

（2） **管理委託方式**　　経営の主体は設置者であり，駐車場契約の締結，駐車場施設および関連付帯設備の修繕や維持管理保全などは設置者側で行い，駐車場の運営管理を外部委託する方式をいう．

したがって，管理人は場内運営に関する人件費やエネルギー費その他必要経費一切を負担し，受託管理料を設置者から受領する．この場合，場内で発生した車両事故に対しての補償保険料なども管理人側の負担に含まれる．

管理委託方式の中に部分管理委託も含まれ，駐車場の運営・管理の一部を外部委託する．たとえば，諸設備の保守点検や料金収受などを委託する方式である．

（3） **賃貸方式**　　駐車場施設およびスペースの一切を別の経営主体に賃貸し，その賃貸料を徴収する方式をいう．この方式の特徴は，オーナー側の煩雑さは解消されるが，駐車場経営収益の増収は見込めないことである．

構造条件による分類

（1） **構造形態による分類**　　図6・6のように平面的駐車場と立体的駐車場に分類できる．

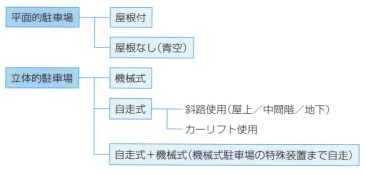

図6・6　構造形態による分類

（2） **駐車方式による分類**　　次の3方式がある．

❶ 平面的駐車場や立体的駐車場の自走式の場合の**セルフ駐車方式**

❷ 機械式の場合の**アテンダント方式**

❸ 自走式と機械式が併用の場合の**セルフ＋アテンダント方式**

機械式駐車場の特殊装置による分類

機械式駐車場の特殊装置による分類で，駐車の方法は次のようなものがある．

（1） **垂直循環方式**　　メリーゴーランド方式で，駐車する自動車が自走でゴンドラに載り，利用者が退去後に垂直循環して収容する．

（2） **水平循環方式**　　自走で駐車スペースに乗り入れ，利用者が退去後に平面的に並んだ駐車

装置を水平に循環させ収容する．リフトの昇降を組み合わせる場合もある．

（3） **多層循環方式**　　自走でターンテーブルに乗り入れ，利用者が退去後にリフトを上下に移動させ，さらに横方向に移動させ収容する．多数の駐車が可能であるが，システムが大規模になる．

（4） **エレベータ方式**　　エレベータで自動車を上下させ，駐車スペースに移動して収容する．

（5） **エレベータスライド方式**　　エレベータ方式のかごが昇降と同時に横行をする．

（6） **平面往復方式**　　自動車を台車に載せ，平面的に搬送し収容する．

（7） **二段昇降方式**　　自動車を台車に載せ，昇降させて収容（昇降式），あるいは昇降させ横行をして収容する（昇降横行式）．

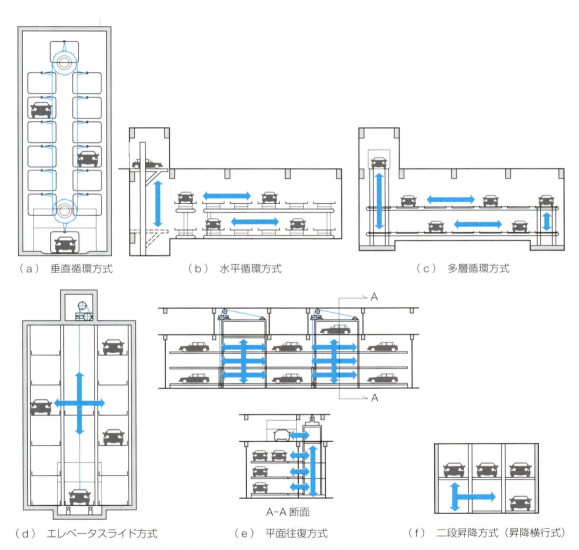

図6・7　機械式駐車場の特殊装置による駐車方式の分類

消防法，駐車場法による規制

（1） 消防法による消火・警報設備の設置基準

表6・5 駐車場に設置する消防用設備等

防火対象物＼設備	消火器	消火設備	自動火災報知設備[*1]	消防機関へ通報する火災報知設備[*2]
昇降機などの機械装置あり収容10台以上		○		
延べ面積150 m^3 以上	○	○		
延べ面積500 m^2 以上	○	○	○	
延べ面積1000 m^2 以上	○	○	○	○

[*1]：自動火災報知設備の例外規定（設置緩和の条件）
　①地階，無窓階，3階以上で床面積が300 m^2 以上
　②駐車の用に供する階のうち，地階または2階以上で床面積が200 m^2 以上
[*2]：消防機関へ通報する火災報知設備の例外規定（設置緩和の条件）
　①消防機関から著しく離れた場所にある防火対象物
　②消防機関から歩行距離500 m以下の場所にある防火対象物
　③消防機関へ常時通報ができる電話を設置してある防火対象物（旅館，ホテル，宿泊所など，病院，診療所，助産所，老人福祉施設，救護施設などを除く）

（2） 駐車場法による地下駐車場の換気基準

表6・6 地下駐車場の換気基準

場所	基準・対策
車路・車室	強制換気 10〔回/h〕以上
管理所室のうち居室	給気による全体換気（換気設備技術基準に準拠）

危険予知対策として，一酸化炭素，二酸化炭素検知設備を設置する．

解いて理解！

都内の駐車場整備地域において，床面積が1700 m^2，10階建ての事務所ビルを建設する場合，この建物に義務づけられる車の台数を算定せよ．都条例による附置義務台数の算定基準は，建物の延べ面積が2000 m^2 を超える部分に対して，300 m^2 ごとに1台として算出した台数とされている．

【解答】 この建物の延べ面積は1700 m^2×10＝17000 m^2 であるから，駐車場の附置義務台数は，

$$\frac{17000\ m^2 - 2000\ m^2}{300\ m^2} = 50 台$$

ゆえに，法的には50台の附置を義務づけられることになる．

索　引

ア 行

圧力水槽方式　119
アネモスタット形吹出口　57
油火災　139
あふれ縁　126
アプローチ　51
泡消火設備　145
安全装置　131
安全弁　131

意匠計画　3
易操作性1号消火栓　141
一般火災　139
一般廃棄物　163
イニシャルコスト　9
インタフェース化　6
インテリアゾーン　42
インバートます　133

ウォータハンマ　122
雨水集水量　161
雨水ます　133
雨水流出係数　161
雨水利用設備　160
雨水利用率　161
うず巻ポンプ　61
雨天時計画汚水量　116

エアシュータ　204
エアチャンバ　123
エアハンドリングユニット　35
エアフローウィンドウ方式　93
衛生器具設備　150
液化石油ガス　148
液化天然ガス　147
エスカレータ設備　200
エレベータスライド方式　207
エレベータ設備　196
エレベータ方式　207
円形ダクト　53

遠心式送風機　52
遠心式冷凍機　47

往復動式冷凍機　47
屋外消火栓設備　142
屋内消火栓設備　140
押出し機械排煙方式　108
温水式低温放射暖房　77
温水暖房方式　73
温度差換気　96

カ 行

加圧送水装置　146
加圧防排煙方式　108
外気冷房方式　92
快適空間　2
回転式冷凍機　47
外部雷保護　192
開放形冷却塔　49
開放式システム　63
開放式膨張タンク　75
カウンタフロー形冷却塔　49
火気使用室の換気量　98
拡声設備　187
ガスエンジンシステム　81
ガス火災　139
ガス設備　147
ガス栓の種類　149
ガスタービンエンジンシステム　81
ガスタービン発電機　176
ガス燃焼機器　149
ガス漏れ警報器　149
各個通気方式　135
活性炭処理槽　158
合併処理浄化槽　153
家庭汚水量　116
加熱機器　128
加熱能力　129
加熱方式　128
可変風量単一ダクト方式の自動制御

方式　87
簡易水道　111
簡易専用水道　111
換気回数　97
乾球温度　27
還水方式　63
間接排水　133
幹線設備　180
緩速ろ過　112
管内流速　122
管末トラップ配管　76
管理委託方式　206

機械換気　97
機械排煙　106
企　画　3
規格型エレベータ　197
気送管搬送設備　203
機能的耐用年数　9
揮発性有機化合物　100
基本計画　3
基本構想　3
基本設計　3
逆サイホン作用　126
逆止弁　70
逆流防止器　151
キャビテーション　126
キャリオーバ　51
吸収式冷凍機　47
給水圧力　122
給水設備　118
給水装置　111
給水タンク　125
給水方式　118
給水量　120
急速砂ろ過池　110
急速ろ過　113
給湯温度　129
給湯循環ポンプ　131
給湯設備　128
給湯配管方式　131

索　引

給湯方式　128
給湯量　129
居室の自然換気　96
金属火災　139

空気環境　23
空気調和機器　35
空気調和設備　26
空気調和方式　40
空調負荷　31
空冷式セパレート形空調方式　42
空冷式パッケージ形空調機　37
躯体　7
躯体の貫通　7
クーリングタワー　49
クリーンルーム　83
クロスコネクション　126
クロスフロー形冷却塔　49

計画時間最大汚水量　116
経済的耐用年数　9
契約電力　170
下水道　114
下水道計画　116
下水排除基準　117
ゲタ基礎　17
結露　30
結露防止　30
減圧式逆流防止器　118
建築一般計画　3
建築計画　5
建築設備の維持保全　11
建築設備の環境対策　22
顕熱比　27

高圧　170
高圧開閉器　173
高圧受電方式　170
恒温恒湿室　85
鋼管　68
公共下水道　115
格子形吸込口　57
格子形吹出口　57
硬質塩化ビニルライニング鋼管　68
工場排水量　116
構造計画　3

高層ビルの空調設備　91
高速ダクト方式　40
高置水槽方式　119
構内通信網設備　186
広範囲型2号消火栓　141
向流形冷却塔　49
合流式下水道　114
氷蓄熱システム　82
コージェネレーション　80
故障率　11
小荷物専用昇降機設備　203
コンセント設備　183
コンデンサ　173
ゴンドラ設備　204

サ　行

サイアミューズコネクション　144
サージング　126
産業廃棄物　163
算定処理対象人員算定基準　155

支援空間　6
直だき吸収冷温水機　49
自家発電設備　175
時間基準保全　9
事業系廃棄物　163
仕切弁　69
軸流式送風機　52
自己サイホン作用　134
事後保全　9
システムの安全化　7
システムの規模設定の最適化　7
システムの自動化　7
自然エネルギー設備　177
自然換気　96
自然排煙　105
自走式コンテナ　204
湿球温度　27
シックハウス規制における換気量　100
シックハウス症候群　100
実施設計　3
自動火災報知設備　190
自動制御設備　87
自動走行搬送設備　203
湿り空気線図　27
社会的耐用年数　9

弱電設備　185
重力換気　96
重力還水方式　75
受変電設備　170
需要家　170
循環方式　63
瞬間湯沸器　128
蒸気だき二重効用吸収式冷凍機　49
省エネ措置の届出　21
省エネルギー　21
省エネルギー型換気扇　101
消火原理　140
消火設備　139
浄化槽設備　153
蒸気圧縮式冷凍機　46
蒸気暖房　75
小規模貯水槽水道　111
仕様書　4
浄水処理　110, 112
上水代替率　161
上水道　111
上水道計画　111
上水道の水質基準　111
状態監視保全　9
消　毒　110
照度計算　182
蒸発作用　134
蒸発タンク　77
小便器　151
情報通信設備　7
情報表示設備　188
消防法による排煙設備　104
消防用設備等　139
処理対象人員　155
真空還水方式　76
真空式温水発生機　44
塵処理設備　163
人造鉱物繊維質　70
伸頂通気方式　135

吸上げ継手　76
吸込み作用　134
垂直一方向流方式　84
垂直循環方式　206
スイッチングHUB　187
水道水水質基準　112
水平一方向流方式　84

索　引

水平循環方式　206
水冷式パッケージ形空調機　37
スクリュー冷凍機　47
スクロール冷凍機　47
スター形LAN　186
スタティック方式　82
ステンレス鋼管　68
スピーカセレクタ　187
スプリンクラー設備　143
スプリンクラーヘッド　144
スポット形吹出口　57
スラブ　17
スリーブ　14
スロット形吹出口　57

生活環境　23
生活系廃棄物　163
制振構造　18
生物化学的酸素要求量　154
施　工　3
施工図　12
設　計　3
設計図　4
設計図書　12
節水器具　152
接続最小口径　152
絶対湿度　27
設備計画　4, 5
設備耐震　18
全熱交換器　101
専用水道　110

増圧直結給水方式　118
相対湿度　27
装置空間　2
送風機　52
送風機性能曲線　53
阻集器　134
ゾーニング　166

タ 行

第一種換気方式　97
第二種換気方式　97
第三種換気方式　97
耐震計画　18
耐震構造　18
耐震対策　20
ダイナミック方式　82

大便器　150
太陽光発電装置　178
耐用年数　8
対　流　31
対流暖房方式　72
ダイレクトリターン方式　74
ダクト　107
ダクト設備　53
ダクト併用・ファンコイルユニット
　方式　42
多孔板形吸込口　57
タスク・アンビエント空調方式　93
多層循環方式　207
立てボイラ　45
ダブルスキン方式　93
ターボ送風機　53
ターボ冷凍機　47
玉形弁　69
ターミナルエアハン　36
ダムウェータ　203
多翼送風機　52
たわみ継手　19
単一ダクト方式の自動制御　87
タンクなし加圧方式　120
タンクレスブースタ方式　120
単独公共下水道　115
単独処理浄化槽　153
暖房負荷　33

地域冷暖房　79
地下街の排煙設備　104
置換換気　102
蓄煙方式　108
蓄熱槽　82
チャッキダンパ　58
チャンバ　107
駐車場設備　205
鋳鉄ボイラ　44
長方形ダクト　54
直圧直結給水方式　118
直営方式　206
直接暖房　72
直接リターンシステム　63
直列ユニット　187
貯水槽水道　111
貯水タンク　125
直交流形冷却塔　49

貯湯容量　129
沈砂池　110
賃貸方式　206
沈殿池（薬品沈殿）　110
通気設備　135
低　圧　170
低圧受電方式　170
ディスプレイスメント換気　102
ディスポーザ処理　165
ディーゼルエンジンシステム　81
ディーゼル発電機　176
低速ダクト方式　40
定風量単一ダクト方式　40
ディフューザポンプ　61
デジタル化　7
デッキプレート　16
電気火災　139
天井カセット形ファンコイル
　ユニット　36
天井内チャンバ方式　107
伝　導　31
電灯設備　181
電話交換機　186
電話設備　185

銅　管　68
動線計画　3
動力設備　180
特殊継手排水方式　135, 168
特定環境保全公共下水道　115
特定公共下水道　115
特別高圧　170
都市ガス　147
都市下水路　115
吐水口空間　126
特記仕様書　4
トラクション式　196
トラップます　133
ドレンチャー設備　145
ドロップます　133

ナ 行

ナイトパージ方式　92
内部結露　30
内部雷保護　192

211

□□ 索　引 □□

二重ガラス　22
二段昇降方式　207
日本冷凍トン　51

ねじ込み接合　67
熱貫流　31
熱水分比　27
熱伝達　31
熱伝導　31
燃料電池システム　81

逃し管　131
ノズル形吹出口　57

ハ 行

排煙機　106
排煙口　106
排煙設備　103
排煙風道　107
配管材　68
排水勾配　132
排水再利用設備　157
排水設備　132
排水トラップ　133
排水方式　132
排水ます　133
ハウジング形管継手接合　68
バキュームブレーカ　126, 151
箱入れ　15
バス形 LAN　186
バタフライ弁　70
バーチカルコンベア　204
パッケージ形空調機　37
パッケージ形空調方式　42
発電機　176
発泡プラスチック　70
跳ね出し作用　134
梁貫通　13
ハロゲン化物消火設備　145
パン形吹出口　57

非一方向流方式　83
比エンタルピ　27
ピークカット　86
ピークシフト　86
非常用エレベータの排煙設備
　104
ヒートポンプ式冷凍機　49

標準仕様書　4
表面結露　30
ビル管理法　23

ファンコイルユニット　36
風量調整ダンパ　58
風力換気　96
不活性ガス消火設備　145
ふく射　31
物理的耐用年数　9
フラッシュタンク　77
フランジ接合　67
ブローダウン　51
ブロック計画　3
分流式下水道　114

平面往復方式　207
平面的駐車場　206
米冷凍トン　51
べた基礎　17
ペリメータゾーン　42
ペリメータレス空調システム
　93
変圧器　173
便器　150
変風量単一ダクト方式　40

ボイラ　44
防煙壁　106
防火ダンパ　58
放射　31
放射（ふく射）暖房方式　72
防振装置のストッパ　20
防水層貫通　14
放送設備　187
膨張タンク　75, 131
法的耐用年数　9
防犯設備　188
保温材　70
ボールタップ　151
ボール弁　70
ホルムアルデヒド　100
ポンプ　61
ポンプ直送方式　120

マ 行

マイコンメータ　149
巻胴式　196

膜分離活性汚濁処理装置　158
膜ろ過　112
マッシュルーム形吸込口　57
マルチパッケージ形空調機方式
　43

ミキサアンプ　187
水環境　23
水蓄熱システム　82
水噴霧消火設備　145
密閉形膨張タンク　75
密閉形冷却塔　49
密閉式システム　63

無機多孔質　70
無窓の居室の換気量　98

メークアップ　51
免震構造　18

毛管現象　134
モータダンパ　58

ヤ 行

夜間外気導入方式　92

油圧式　196
床置形ファンコイルユニット
　36
床吹出し方式　41
輸送設備　196

溶接接合　67
洋風大便器　150
横走り配管の振止め　21
予防保全　9

ラ 行

雷保護設備　192
ラインディフューザ　57
ランニングコスト　9

立体的駐車場　206
リニア式エレベータ　196
リバースリターン方式　63, 74
リフト設備　204
リフトフィッティング　76
リミットロード送風機　53

212

流域関連公共下水道　　115
流域下水道　　115
利用空間　　6
リング形LAN　　186

ルータ　　187
ループ通気方式　　135

冷却塔　　19, 49
冷却塔フリークーリング方式
　　92
冷却レンジ　　51
冷房負荷　　33
レイヤ3スイッチ　　187
レシプロ冷凍機　　47
連結散水設備　　145
連結送水管設備　　144

ろ過槽　　158

ロータリー冷凍機　　47
露点温度　　27, 30
炉筒煙管ボイラ　　45
ロープ式　　196

ワ 行

和風大便器　　150

英数字

A火災　　139

B火災　　139
BOD　　153
BOD負荷　　153

C火災　　139
CAV方式　　40

D火災　　139

HEPAフィルタ　　85

LAN設備　　186
LNG　　147
LPガス　　148

MDF　　186

PBX　　186

T-N　　153
T-P　　153

VAV方式　　40

1号消火栓　　141
2号消火栓　　141
3R　　165

建築設備の知識　編集委員会

委員長　山田信亮（やまだ　のぶあき）
　　　　1969年　関東学院大学工学部建築設備工学科 卒業
　　　　現　在　株式会社團紀彦建築設計事務所
　　　　　　　　一級建築士，建築設備士，一級管工事施工管理技士

副委員長　打矢瀅二（うちや　えいじ）
　　　　1969年　関東学院大学工学部建築設備工学科 卒業
　　　　現　在　ユーチャネル 代表
　　　　　　　　一級管工事施工管理技士，建築設備士
　　　　　　　　特定建築物調査員資格者

委　員　井上国博（いのうえ　くにひろ）
　　　　1972年　日本大学工学部建築学科 卒業
　　　　現　在　株式会社住環境再生研究所 所長
　　　　　　　　一級建築士，建築設備士，一級造園施工管理技士

　　　　梅田雄二（うめだ　ゆうじ）
　　　　1987年　東京工科専門学校空調科 卒業
　　　　現　在　株式会社清和設備設計 設計部長
　　　　　　　　1級電気工事施工管理技士

　　　　岡田誠之（おかだ　せいし）
　　　　1983年　関東学院大学大学院博士課程 修了
　　　　現　在　東北文化学園大学 名誉教授
　　　　　　　　水・におい環境技術士事務所
　　　　　　　　工学博士，技術士（衛生工学部門），一級管工事施工管理技士

　　　　加藤　諭（かとう　さとし）
　　　　1990年　専門学校東京テクニカルカレッジ環境システム科 卒業
　　　　現　在　一級建築士事務所 とらい・あんぐる 加藤設計
　　　　　　　　専門学校東京テクニカルカレッジ 講師
　　　　　　　　読売理工医療福祉専門学校 講師

　　　　今野祐二（こんの　ゆうじ）
　　　　1984年　八戸工業大学産業機械工学科 卒業
　　　　現　在　専門学校東京テクニカルカレッジ環境テクノロジー科 科長
　　　　　　　　建築設備士

　　　　若泉　栄（わかいずみ　さかえ）
　　　　1991年　中央工学校建築設備設計科 卒業
　　　　現　在　中央工学校建築系教員
　　　　　　　　建築設備士，消防設備士

（五十音順）

- 本書の内容に関する質問は，オーム社ホームページの「サポート」から，「お問合せ」の「書籍に関するお問合せ」をご参照いただくか，または書状にてオーム社編集局宛にお願いします．お受けできる質問は本書で紹介した内容に限らせていただきます．なお，電話での質問にはお答えできませんので，あらかじめご了承ください．
- 万一，落丁・乱丁の場合は，送料当社負担でお取替えいたします．当社販売課宛にお送りください．
- 本書の一部の複写複製を希望される場合は，本書扉裏を参照してください．

JCOPY ＜出版者著作権管理機構 委託出版物＞

図解　建築設備の知識（改訂3版）

1995年 4 月25日	第1版第1刷発行	
2008年 5 月25日	改訂2版第1刷発行	
2018年10月20日	改訂3版第1刷発行	
2023年 4 月10日	改訂3版第7刷発行	

編　者　建築設備の知識　編集委員会
発行者　村上和夫
発行所　株式会社　オーム社
　　　　郵便番号　101-8460
　　　　東京都千代田区神田錦町3-1
　　　　電話　03(3233)0641（代表）
　　　　URL　https://www.ohmsha.co.jp/

© 建築設備の知識　編集委員会 2018

印刷　中央印刷　製本　協栄製本
ISBN978-4-274-22283-2　Printed in Japan

関連書籍のご案内

わかりやすい 冷凍空調の実務 改訂3版

石渡憲治 原著
山田信亮・今野祐二・西原正博 共著

A5判・272頁
定価(本体2600円【税別】)

12年ぶりの大改訂！
冷凍・空調業界の
実務者・技術者必携の一冊！！

ロングセラーである『わかりやすい冷凍空調の実務』の基本コンセプトや構成は継承しながら、最新の技術・知見を盛り込み、実務者・技術者の日常業務に真に役立つ冷凍空調技術の入門的基本書。ご自身の実務のなかで、ふと感じる疑問やおさえておきたい技術の基本的知識などを幅広くカバーしています。約550項目について『1問1答形式』で簡潔にわかりやすく解説しています。

❄主要目次❄

1章 冷凍空調の基礎	8章 冷媒制御の種類と特徴	15章 冷凍空調機器の運転方法
2章 冷凍方式の種類と特徴	9章 電気的制御の種類と特徴	16章 冷凍の応用
3章 冷凍とブライン	10章 配管と取付け	17章 冷却塔の原理と特徴
4章 p-h線図を理解しよう	11章 潤滑油の種類と特徴	18章 空気調和の基礎知識
5章 圧縮機の種類と特徴	12章 除霜方法の種類と特徴	19章 保安と法規
6章 凝縮器の種類と特徴	13章 圧縮機用電動機と駆動法	
7章 蒸発器の種類と特徴	14章 実務に必要な計算方法	

もっと詳しい情報をお届けできます。
◎書店に商品がない場合または直接ご注文の場合は石記宛にご連絡ください。

ホームページ https://www.ohmsha.co.jp/
TEL/FAX TEL.03-3233-0643 FAX.03-3233-3440

(定価は変更される場合があります)